本书受国家自然科学基金项目
"强调质性微观尺度分析的事件空间理论与节事空间的实证研究"
（项目编号：41571132）的部分资助

本书出版得到广东省高水平大学建设经费资助

展览服务资源
分类、整合及质量评价

基于服务主导逻辑

RESEARCH ON CLASSIFICATION AND INTEGRATION
OF EXHIBITION SERVICE RESOURCES,
AND EXHIBITION SERVICE QUALITY EVALUATION

Based on Service-dominant Logic

王晓敏　著

社会科学文献出版社
SOCIAL SCIENCES ACADEMIC PRESS (CHINA)

中文摘要

　　随着经济及社会的发展，服务业越来越受到重视。在宏观经济层面，服务业在国民经济中所占的比重越来越大，成为衡量一个国家经济发展水平的重要指标；在微观经济层面，随着技术的进步，企业间竞争日益激烈，部分企业开始尝试通过加强服务工作来提高企业的竞争力。近年来国外学者对服务的研究出现了服务主导逻辑这一新的视角，它对服务产品的内涵重新进行了定义，即资源可以被划分为操作性资源（个体的知识和技能）和对象性资源（如自然资源等），提出服务的本质就是不同主体间发挥自身的操作性及对象性资源优势为对方创造价值，并将服务视为一个满足顾客需求的过程，最终模糊了传统服务产品与有形产品之间的界限，提出所有的经济都是服务经济。

　　服务主导逻辑的提出在服务营销及管理领域激发一场大规模的讨论，学者认为它不仅代表了一个新的营销观点，甚至可以成为一个新的商业视角。之后，学者围绕服务主导逻辑的内容进行了系列研究，对它的核心观点和概念进行了探讨。总体而言，服务主导逻辑仍处于发展阶段，学者认为它缺乏实践基础，对一些关键概念和基础假设缺乏深层次的研究。例如，服务主导逻辑提出操作性资源可以划分为知识和技能，所有的社会和经济主体都是资源整合者，但在具体的服务产品中知识和技能如何体现、服务企业如何整合自身及外部合作者资源等缺乏深层次的研究。

　　本书研究展览企业的服务管理，将基于服务主导逻辑操作性及对象性资源分类的观点，从三个方面对展览服务进行研究：一是操作性和对象性资源在展览服务产品中如何体现，重点分析展览服务"知识"与"技能"这两类操作性资源的区别和表现形式，同时研究操作性资源和对象性资源在服务改进过程中的变化规律；二是企业如何整合内部及合作者的资源，完成服务产品的提供；三是操作性资源及对象性资源的划分对顾客展览服务质量评价的影响。本书试图基于服务主导逻辑两类资源的划分及顾客是服务价值创造者的观点，构建一个新的服务质量评价模型。

　　展览企业的主要服务对象包括参展商和专业观众，考虑到展览企业在向参展商和专业观众提供服务的过程中，两者之间的身份有差异，具体表现为：参展商是付费参展，他们所支付的参展费用是展览企业的直接经济来源，反映了展览企业的实力；专业观众属于展览企业所掌握的资源，被案例企业视为向参展商出售的"商品"，因此本书主要研究展览企业向参展商提供的服务。①

　　本书采用定性和定量相结合的方法对以上问题进行研究。在定性研究方面，本书主要采用的是扎根理论。为了收集扎根理论分析所需要的数据和资料，笔者以实习生的身份从 2014 年 4 月到 2016 年 12 月，分三次深入案例企业调研，通过部门访谈或旁听公司会议的方式，获取了案例企业内部及外部合作者资源整合等方面的录音材料，并整理成文字。同时，笔者获取了案例企业展览策划、宣传及管理等方面的文本资料，如案例企业向参展商提供的《参展手册》等，这些资料可以反映案例企业展览服务的内容、方式及采取的管理措施等。此外，笔者在展览现场拍摄了 618 张照片，以对文本资料进行补充等。在定量研究方面，笔者主要通过问卷调查的方式了解参展商的服务参与情况及其对展览服务质量的评价等。笔者在展览现场收集了 1030 份有效问卷，通过

---

　　① 在未特别指明的情况下，本文"展览服务"一般指代展览企业向参展商提供的服务。

结构方程模型等分析方法构建了一个新的参展商展览服务质量评价模型。

通过对案例企业展览服务资源分类、内部及外部资源整合过程，以及参展商展览服务质量评价等进行分析，本书得出以下结论。

第一，运用扎根理论等对《参展手册》等进行分析，同时对展览现场的照片进行人工译码，以补充服务提供（service delivery）所需要的资源等。笔者发现在展览服务所需要的资源中，对象性资源表现为服务提供所使用的设施、设备或物品等，操作性资源的技能表现为服务人员对具体工具的使用或运用，"知识"这一概念在服务提供过程中呈弥散分布状态，任何有关服务提供的细节都可与知识建立联系。最终，本书基于服务主导逻辑提出的知识决定服务企业及其产品的竞争优势，以及通过对高频词汇分类，发现展览服务产品并不是一个不可再分的整体，它是由更低一层的服务项目构成的，提出服务提供者所掌握的展览服务包括哪些服务项目，以及这些服务项目之间的关系等属于"知识"（属于操作性资源），本书将其定义为"服务结构"知识，认为它们对服务企业及其产品竞争力的塑造有重要影响。此外，本书基于服务主导逻辑操作性、对象性资源及服务项目等概念，提出了一个服务产品结构模型，深化了对服务产品结构的认识。

对于操作性和对象性资源的变化规律，本书运用扎根理论对《参展手册》等进行分析，发现案例企业在提供展览服务的过程中，在时间、空间和行为等方面对参展商设置了约束条件，影响参展商的体验。之后，案例企业开发或引进了新服务设施（对象性资源）来降低约束条件的影响，在该过程中案例企业将"服务编码"于新的设施，参展商通过服务参与发挥自身的专业知识和技能，完成"服务译码"，降低了对服务提供者"活动"或"行动"（操作性资源）的依赖程度，顾客在时间、空间及行为等方面受到的约束减弱。本书最终归纳了案例企业操作性及对象性资源变化的规律，即"价值依附、顾客参与"。

第二，笔者通过对部门访谈及总结讨论会录音文本资料进行分析，研究了案例企业内部及外部资源整合过程。在内部资源整合中，发现案例企业根据具体的服务项目，成立了不同的部门；而部门在完成服务项目的过程中逐渐形成了与之相对应的知识和技能（属于操作性资源），此时部门成为容纳操作性和对象性资源（如相应的服务设备等）的"容器"，企业内部资源整合通过部门协作实现。本研究发现，虽然部门的成立有利于操作性资源的形成和发展，但部门分工也会导致企业内部资源整合出现困境，如各部门关注自身目标，出现推卸责任等现象，影响展览服务的提供。利用扎根理论对案例企业部门协作存在的问题及采取的对策进行分析，本书归纳出了"权力渗透、责任传递、利益分配"这一核心范畴，发现"权力"、"利益"和"责任"对部门协作具有重要影响，在权力界定清楚、利益和责任分配合理的情况下，资源掌握在哪个部门并不重要，重要的是该服务项目的负责部门具有调动其他部门资源的权力，从而实现共同为顾客提供服务。

服务主导逻辑视角下企业与外部合作者之间的合作关系存在临时性、短暂性等特征。本书中的案例企业与媒体机构、投资或采购机构、行业协会等建立了合作关系，并依托外部合作者开展展会宣传、专业观众组织等工作，此时外部合作者在具体业务方面表现出来的专业性属于一种操作性资源，是服务企业资源整合的对象，而外部单位或机构（即外部合作者）是容纳该资源的"容器"。对案例企业与部分外部合作者之间的关系进行分析，发现它属于一种"松散型"合作，具有服务主导逻辑描述的临时性、短暂性等特征；对案例企业资源整合措施进行分析、归纳，发现它采取了"利益统一，价值创新"的资源整合方法，其特点是：在确保企业与外部合作者利益一致的情况下，利用外部合作者资源用途多样性的特征，将其置于展览活动这一具体的情境中，让外部合作者的资源发挥新的、更大的价值，最终使外部合作者、案例企业及顾客的利益最大化。

第三，本书基于服务主导逻辑两类资源划分的观点，提出操作性和对象性资源是顾客服务质量评价的两个重要维度，而它们"携带"的服务价值是顾客评价的核心内容。本书以案例企业向参展商提供的服务为例，对案例企业操作性、对象性资源及参展商获得的核心利益进行了分析，将它们归为展览服务质量评价的 3 个主要维度。此外，基于服务主导逻辑提出的顾客参与行为影响服务价值创造的观点，本文提出可以将参展商的服务参与行为视为影响其服务质量评价的重要因素，最终构建了一个新的参展商展览服务质量评价模型。此外，现有研究表明展览现场空间因素是影响展商（也称"参展商"）服务评价的重要因素之一，本书分析了展览服务对象性资源在空间上的分布，以及操作性资源在展览空间上如何得到反映等，通过构建展览空间区位指标，分析了区位等空间因素对参展商服务质量评价指标感知结果的影响等。

本书对于推动服务主导逻辑、服务管理、服务质量评价等理论的发展有较好的启示意义，表现为："服务结构"知识的提出补充和完善了服务主导逻辑操作性和对象性资源的划分，同时进一步深化了对服务产品结构的认识；本书所归纳的服务企业内部及外部资源整合理论弥补了服务主导逻辑存在的不足，有利于推动服务管理相关理论的发展；基于操作性和对象性资源划分所形成的服务质量评价模型，可以实现将不同行业服务产品质量评价的内容置于同一模型下进行比较，有利于推动服务质量评价及顾客管理等相关理论的发展等。

序　言

　　会展是一个新兴的产业，与此相应，会展研究也是一个有待发展和深化的新的学术领域。进入新时代以来，中国会展企业一方面面临大的发展机遇，同时也面临国外大型展览集团的激烈竞争，中国会展企业须不断提高自身的竞争力，才能不断扩大自己的发展空间。本书从企业微观视角分析展览企业服务资源整合及展览服务质量评价等，对展览企业的经营与管理具有较好的启示意义。

　　总体而言，在实践方面，本书有助于展览企业解决服务提供及管理过程中存在的问题，可提高企业的竞争力；在理论方面，对推动服务主导逻辑理论的发展具有借鉴意义。具体来说，本书的特点体现在以下四个方面。

　　（一）系统性。展览企业提供的产品本质上是一种服务，因此展览行业从业人员需要对服务管理理论有较深的理解。本书分析了服务管理理论的发展及存在的问题，在此基础上，引入了服务主导逻辑，并对它的概念、核心观点、发展历程等进行了系统分析及较详细的比较。本书对深入理解服务管理相关理论及服务主导逻辑等具有一定的参考意义。

　　（二）应用性。本书研究的是展览企业服务提供、管理过程中存在的问题，其结论具有很好的应用性。作者从 2014 年 5 月至 2016 年 11 月，先后三次进入案例企业进行调研，累计调研时间超过 1 年。在该过程中，作者通过对案例企业工作会议进行录音、对企业工作人员及参展商等进行访谈，分析了案例企业在提供展览服务过程中存在的各种问题，归纳了问题产生的原因，并提出了相应对策。

（三）创新性。本书以服务主导逻辑为理论基础，其选题具有一定的新意。服务主导逻辑由 Vargo 和 Lusch 在 2004 年首次提出。该理论在服务产品生产所需要的资源上进行分类，认为任何经济活动的本质是在为他人创造利益的基础上，提出所有产品都是服务产品。基于服务主导逻辑对展览服务提供的过程进行分析，具有一定的新颖性，作者在此基础上，构建了一个新的服务产品结构模型和服务质量评价模型，具有一定的理论贡献。

（四）规范性。作者将案例企业会议、访谈录音等整理成文本资料，并运用扎根理论研究方法对其进行分析。扎根理论是一种质性研究方法，能在经验资料的基础上建立与创新理论。[①] 作者对扎根理论的适用情况、分析过程等进行了详细分析，扎根理论运用过程严谨、规范。

本书是王晓敏在自己的博士论文基础上修改而成的。晓敏是我招收的第一个博士生，也是全国第一个由会展经济与管理系培养的会展专业（方向）博士。从这个角度来看，晓敏具有"开山大师兄"的身份象征。在会展学术研究筚路蓝缕的现阶段，如果晓敏的博士论文对中国会展高层次人才的培养能够在一定程度上承担开启山林的责任，则本书的出版就算功德圆满了。

是为序。

戴光全

2018 年 7 月 20 日·华南理工大学

---

① 文军、蒋逸民：《质性研究概论》，北京大学出版社，2010。

目 录

表目录

图目录

第一章

绪 论

一 大型展览活动对经济和社会的影响

（一）大型展览活动属于重大事件，对举办地的经济和社会发展具有重要影响

大型展览活动的举办能对所在城市的经济、环境及社会等产生系列影响。如 Getz 认为大型展览活动的举办可通过基础设施建设带来热钱的进入，带动旅游业的发展等。[①] 大型展览活动对国家或地区经济的影响作用成为学者研究的热点之一，如国外学者分别从展览活动影响作用的测量，展览活动对区域或城市的基础设施建设、旅游接待人数及对其他相关行业影响等方面进行了系列研究[②]。国内学者对展览活动的经济影响也进行了系列研究，包括影响评估体系、估算模型、产业间互动等方面。[③] 例如，戴光全的博士论文以昆明世界园艺博览会为例，研究了

---

① Getz D. , *Event Studies*: *Theory*, *Research and Policy for Planned Events* (Amsterdam: Butterworth Heinemann, 2007).

② O' Brien D. , " Event Business Leveraging the Sydney 2000 Olympic Games," *Annals of Tourism Research* 33 (2006). Li S. N. , Song H. Y. , "Economic Impacts of VISA Restriction on Tourism: A Case of Two Events in China," *Annals of Tourism Research* 43 (2013).

③ 王起静：《事件经济影响研究述评——一个评估框架》，《旅游科学》2009 年第 4 期；戴光全、保继刚：《昆明世博会效应的定量估算：本底趋势线模型》，《地理科学》2007 年第 3 期。

该展览活动对昆明城市基础设施及形象、旅游规模、地位及结构等方面产生的影响[①];以对旅游业的影响为例,认为昆明世博会是一个超常规的展览活动,当年使得昆明市旅游业在国民经济中的地位超常规地得到提高,但不会改变昆明市旅游业的产业地位及总体趋势等。[②]

除对经济影响外,因主客之间的交往、社区参与、媒体介入等,大型展览活动的举办将对当地的社会、文化和政治等方面产生系列影响,且这种影响作用具有两面性。[③] 目前,国内外学者分别对展览活动的社会效益、社区发展、社区居民及参与者对展览活动的态度或展览活动对他们产生的影响等进行了研究。[④] 例如认为重大庆典活动有加强社区社会结构的作用,[⑤] 大型展览活动举办期间往往能吸引全国乃至全世界的关注,已经成为塑造和提高城市品牌、宣传和推广企业产品及形象的重要方式。[⑥] 目前学者对大型展览活动负面影响的研究主要在举办时间过于集中,对所在城市的社会、环境等造成很大的压力等问题上。[⑦] 虽然大型展览活动举办带来的影响具有两面性,但这并没有影响各国及地区举办大型活动的积极性,国家及地区政府都期望通过加强重大展览活动的管理以扩大正面影响,降低负面影响等,因此对大型展览活动的申办

---

① 戴光全:《重大事件的影响研究——以99昆明世界园艺博览会为例》,中山大学博士学位论文,2004。

② 戴光全、保继刚:《昆明世博会效应的定量估算:本底趋势线模型》,《地理科学》2007年第3期。

③ Getz D. , *Event Studies: Theory, Research and Policy for Planned Events* (Amsterdam: Butterworth Heinemann, 2007).

④ Ziakas V. , Costa C. , " 'Between Theatre and Sport' in A Rural Event: Evolving Unity and Community Development from the Inside – out," *Journal of Sport & Tourism* 15 (2010);戴光全、梁春鼎:《基于扎根理论的节事场所依赖维度探索性研究——以 2011 西安世界园艺博览会为例》,《地理科学》2012 年第 7 期。

⑤ Ziakas V. , Costa C. , " 'Between Theatre and Sport' in A Rural Event: Evolving Unity and Community Development from the Inside – out," *Journal of Sport & Tourism* 15 (2010).

⑥ Hallmann K. , Breuer C. , " Image Fit Between Sport Events and Their Hosting Destinations from an Active Sport Tourist Perspective and Its Impact on Future Behavior," *Journal of Sport & Tourism* 15 (2010). Larry Y. , Wang C. L. , Seo J. , " Mega Event and Destination Brand: 2010 Shanghai Expo," *International Journal of Event and Festival Management* 3 (2012).

⑦ Collins A. , Jones C. , Munday M. , "Assessing the Environmental Impacts of Mega Sporting Events: Two Options?" *Tourism Management* 6 (2009).

一直备受关注。

　　大型展览活动属于重大事件的一个类型[①]，目前各国争相举办大型展览活动，德国、法国、意大利、美国、英国等成为会展经济最为发达的国家，巴黎、东京、法兰克福和香港等则成为会展经济最为发达的城市。[②] 而国内各城市也积极兴建大型展览中心，以提高承接大型展览活动的能力，展览业竞争日益加剧。目前国内外学者对展览活动的研究主要集中在宏观方面，学者从展览活动对所在城市的经济影响、展览发展需要的配套产业及政策等方面进行了系列研究。[③] 但一个城市展览业的发展首先要有一批竞争力强的企业，近年来随着国家对外资企业进入国内相关市场政策的放宽，展览企业间的竞争日益加剧，如商务部在 2004 年 1 月发布了《设立外商投资会议展览公司暂行规定》，励展博览集团、法兰克福展览有限公司、汉诺威展览公司等一批外资展览公司陆续进入国内市场。国内展览企业要加强自身的服务管理，提高自身的竞争力。因此，本文选择从微观角度，即企业内部服务管理的角度对展览活动进行分析。

（二）服务业日益受到重视，服务管理成为提高企业竞争力的重要途径

　　展览活动的举办为参展商和专业观众提供了信息交流的平台[④]，是典型的传统服务产品。随着经济及社会的发展，服务业发展情况成为衡量一个国家（地区）发展水平的重要指标之一[⑤]，受到各国（地区）政府的重视。对近年来服务业增加值在各国（地区）经济总量中所占的

---

① 戴光全、保继刚：《西方事件及事件旅游研究的概念、内容、方法与启发（上）》，《旅游学刊》2003 年第 5 期；戴光全、保继刚：《西方事件及事件旅游研究的概念、内容、方法与启发（下）》，《旅游学刊》2003 年第 6 期。

② 张水清、李慎亭：《会展经济特性与都市功能的提升》，《地域研究与开发》2002 年第 3 期。

③ Locke M.，"A Framework for Conducting A Situational Analysis of the Meetings, Incentives, Conventions, and Exhibitions Sector," *Journal of Convention & Event Tourism* 11 (2010)；熊伟、吴必虎：《大型展会对高星级酒店房价影响的空间分析——以第 100 届广交会为例》，《旅游学刊》2008 年第 2 期。

④ 罗秋菊、保继刚：《参展商参展目的、绩效评估及其相关关系研究——以东莞展览会为例》，《旅游科学》2007 年第 5 期。

⑤ 鲁若愚、段小华、张鸿：《制造业的服务创新与差别化战略》，《四川大学学报》（哲学社会科学版）2000 年第 6 期。

比重进行分析比较，发现发达国家（地区）服务业占GDP的比重普遍在70%以上，而发展中国家（地区）普遍在55%以下（见表1-1）。进入21世纪以来，随着经济全球化的深入发展，服务业逐渐成为世界经济中占主导地位的经济部门，世界经济已开始进入"服务经济"时代，研究性服务业、生产性服务业和消费性服务业等已成为决定国家竞争优势的主导变量。[①] 总体而言，虽然目前我国已居于服务出口规模排名靠前国家（地区）的行列，且近年来平均增长速度达到了16%（见表1-2），大幅高于其他国家（地区），但我国服务业占GDP的比重常年在50%以下，说明我国服务业发展水平与发达国家（地区）还有较大的差距，同时也说明我国的服务业有较大的发展潜力，因此促进服务业的发展对推动我国经济发展及提高在全球化背景下的竞争优势有重要意义。展览行业属于传统的服务行业，其研究结果对推动其他服务行业的发展具有一定的启示意义。

表1-1　主要发达及发展中国家第三产业占国民经济总量的比例

单位：%

国家（地区）		2010年	2011年	2012年	2013年	2014年	2015年
发达国家	法国	78.6	78.3	78.5	78.5	78.7	78.8
	英国	78.5	78.3	78.6	78.0	78.4	79.2
	美国	78.4	78.0	78.2	77.9	78.0	(78.1)
	西班牙	71.4	72.6	74.0	74.5	75.1	74.9
	新加坡	72.3	73.6	73.3	74.9	75.0	(73.8)
	意大利	73.7	73.7	73.9	74.0	74.3	74.0
	瑞士	73.0	72.7	73.2	73.2	73.0	73.6
	日本	71.3	72.7	72.8	72.4	72.0	(72.2)
	澳大利亚	70.6	69.0	69.3	70.7	70.5	70.5
	加拿大	70.0	68.9	69.4	(69.4)	(69.4)	(69.4)
	德国	69.1	68.6	68.4	68.9	69.0	69.0

---

① 顾国达、张正荣：《服务经济与国家竞争优势——基于波特"钻石模型"的分析》，《浙江大学学报》（人文社会科学版）2007年第6期。

续表

国家（地区）		2010 年	2011 年	2012 年	2013 年	2014 年	2015 年
发展中国家	巴西	67.8	67.7	69.0	69.8	70.8	72.0
	南非	67.2	67.5	67.9	67.8	68.1	68.9
	俄罗斯	61.4	62.2	62.9	63.3	63.7	62.8
	泰国	49.4	50.3	51.0	51.8	52.7	(51.0)
	印度	54.6	49.0	50.0	50.9	52.6	(51.4)
	马来西亚	49.4	48.7	50.1	51.0	51.2	44.3
	中国	44.2	44.3	45.5	46.9	48.1	50.5
	越南	36.9	36.7	37.3	38.7	39.0	39.7

注：表格中括号内的数字表示当年数值缺失，用所在国银行的平均数值代替。

资料来源：世界银行网站，http://www.worldbank.org。

表 1-2　主要发达及发展中国家第三产业出口规模及增长速度

单位：亿美元，%

国家/地区	2010 年	2011 年	2012 年	2013 年	2014 年	2015 年	年均增速
美国	5633.3	6277.8	6564.1	7014.5	7432.6	7508.6	4.9
英国	2692.3	3027.6	3120.4	3353.6	3601.4	3445.0	4.2
德国	2275.9	2504.2	2524.8	2718.9	2912.7	2644.6	2.5
中国	1175.3	2010.5	2015.8	2070.1	2804.8	2865.4	16.0
法国	2017.0	2366.8	2344.0	2565.4	2761.3	2411.1	3.0
印度	1170.7	1385.3	1455.2	1486.5	1562.5	(1655.4)	5.9
日本	1345.5	1407.1	1369.7	1354.0	1637.9	1625.4	3.2
新加坡	1008.3	1189.2	1277.6	1402.6	1507.5	1396.1	5.6
西班牙	1129.0	1309.1	1222.2	1264.7	1326.9	1178.7	0.7
瑞士	950.0	1078.5	1091.3	1144.3	1184.3	1097.2	2.4
意大利	1006.8	1105.9	1083.9	1117.0	1140.3	988.1	-0.3
加拿大	769.3	853.1	893.0	901.0	866.1	783.2	0.3
泰国	343.3	415.7	496.4	586.4	553.5	610.5	10.1
俄罗斯	491.6	580.4	623.4	701.2	657.4	517.4	0.9
澳大利亚	464.4	522.1	539.6	535.5	542.4	497.2	1.1
马来西亚	346.8	388.4	405.8	421.0	420.6	346.8	0.0
巴西	308.0	371.1	391.4	381.1	399.7	337.8	1.5
南非	160.6	173.5	176.4	168.2	168.4	150.5	-1.1
越南	74.6	88.8	96.2	107.1	109.7	112.0	7.0

注：表格中括号内的数字表示当年数值缺失，用所在国银行的平均数值代替。

资料来源：世界银行网站，http://www.worldbank.org。

在微观经济层面，服务管理成为提高企业竞争力的重要途径。随着经济全球化的加快，以及信息技术的快速发展，企业间的竞争变得更为激烈，传统制造业通过提高生产效率或降低生产成本来保持竞争优势的方法已日益难以实施[①]，服务管理开始受到各企业的重视，它们希望通过相关服务要素的提供以增强企业的竞争力。例如，传统制造企业希望通过在产品研制以及生产过程中增加配套的服务环节从而增加产品的价值[②]，部分企业甚至把服务视为一种生产要素，提出应改变将售后服务视为辅助产品的观点，转向围绕产品的生命周期及顾客的需求提供系列服务[③]，形成了"服务增强型产品"和"服务增强型制造业"[④]。目前全世界有超过 1/3 的制造企业开始提供一些配套的生产型服务，这个比例在欧美国家甚至达到了六成以上。[⑤] 与制造企业相比，展览企业向顾客提供的是一个"信息交流平台"，属于典型的传统意义上的服务产品，因此更需要依靠企业的服务管理行为来塑造和强化自身的竞争力。

二 服务主导逻辑对展览行业研究具有借鉴意义

服务业的快速发展需要有相应的理论为其提供支撑，但学者对服务管理理论的部分内容存有分歧，如学者将服务产品的核心界定为无形"活动"，认为服务产品与有形产品是两种完全不同的产品，该定义为服务产品的研究和管理等带来了系列困难。以服务质量为例，学者基于服务"活动"的无形性、易逝性、异质性、生产和消费同时性等特征，认为服务

---

① Grönroos C., "From Scientific Management to Service Management: A Management Perspective for the Age of Service Competition," *International Journal of Service Industry Management* 5 (1994).

② Vandermerwe S., Rada J., "Servitization of Business: Adding Value by Adding Services," *European Management Journal* 6 (1988).

③ 张文红、张骁、翁智明：《制造企业如何获得服务创新的知识——服务中介结构的作用》，《管理世界》2010 年第 10 期。

④ Vandermerwe S., Rada J., "Servitization of Business: Adding Value by Adding Services," *European Management Journal* 6 (1988).

⑤ 肖挺、聂群华、刘华：《制造业服务化对企业绩效的影响研究——基于我国制造企业的经验证据》，《科学学与科学技术管理》2014 年第 4 期。

产品的质量属于感知的质量，提出对它的测量应基于顾客服务感知与期望的差距，[①] 但该概念容易与顾客满意度相混淆（见第七章），且由于顾客间的服务期望有差异，导致不同顾客的服务质量评价结果难以比较等。

　　近年来，在服务营销及管理领域出现了服务主导逻辑，它坚持了资源可以被划分为操作性资源（如知识和技能）及对象性资源（如各类自然资源）的观点，认为操作性资源影响服务产品价值，决定了服务企业及其产品的竞争力，对象性资源对应为服务产品的有形部分，属于服务价值的一种传递机制（服务主导逻辑的主要观点见第二章）；该理论提出服务资源（操作性资源和对象性资源的统称，下同）在各主体间的分配有差异，因此服务的本质是各主体利用自身的资源优势为对方创造价值，并对企业和顾客在服务提供过程中的作用进行了分析，认为企业是服务资源的整合者，而顾客是服务价值的创造者和最终决定者。笔者对服务主导逻辑的主要内容进行了归纳（见第二章），从展览服务资源的划分、整合（分企业内和企业外两种情况），以及顾客展览服务质量评价等三个方面提出问题（见图 1－1），并进行了研究。

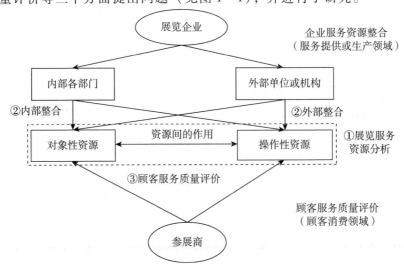

图 1－1　本书三个主要部分之间的关系

（一）展览服务资源分类及资源变化规律

服务主导逻辑将服务提供所需要的资源划分为操作性资源及对象性资源，认为操作性资源可划分为知识和技能，是服务企业及其产品获取竞争优势的重要来源；同时认为对象性资源能生产出有形产品，它们是服务价值的一种依附或传递形式。本书基于服务主导逻辑资源分类的观点，根据所研究的内容选择了一个典型的展览企业，将重点研究以下问题。

第一，操作性资源及对象性资源在展览服务提供过程中如何得到体现？

第二，操作性资源是否可区分为知识和技能，两者的具体表现形式是什么？

第三，企业在改进服务效果的过程中，操作性资源和对象性资源是否存在变化规律？

（二）企业内部及外部服务资源整合规律

服务主导逻辑认为企业并不能创造价值，它仅能向顾客提供价值建议，认为企业向顾客提供服务的过程是一个资源整合的过程，提出所有社会和经济的主体（服务提供者）都是资源的整合者。

本文对服务企业如何整合各类资源共同为顾客提供服务进行了研究。从资源的所属关系出发，企业提供服务所需要的资源可划分为企业内和企业外两种情况，且两者具有明显的区别，如企业对内部资源具有绝对的掌控力（一般分配至企业内部各部门），可自主决定资源的分配与使用等；而外部资源被不同的主体所拥有，企业需要通过建立各种合作关系等来整合资源。本书基于服务主导逻辑对资源类型进行划分，从企业内部和企业外部两个角度对案例企业的资源整合过程进行分析，研究的问题包括以下几个方面。

第一，案例企业在整合内部资源的过程中存在哪些困难，案例企业采取了哪些措施，案例企业内部资源整合过程存在什么样的规律？

第二，服务主导逻辑下企业间的合作关系具有一定的特征，该特征会为企业外部资源整合带来哪些困难，案例企业如何克服这些困难等？

（三） 基于操作性资源和对象性资源划分形成的服务质量评价模型

服务主导逻辑认为顾客是服务产品价值的最终决定者，本书分析了参展商对展览服务产品质量的评价。考虑到学者对服务质量评价的研究存有争议（见第七章），本书将分析服务主导逻辑两类资源划分的观点对服务质量评价方式和内容是否产生影响。此外服务主导逻辑认为，服务产品被出售后，顾客将在产品的使用过程中挖掘出它的"使用价值"，进而提出顾客是服务价值的创造者，企业只能向顾客提出价值建议等。笔者认为顾客服务价值创造情况将影响其服务产品质量评价。笔者基于服务主导逻辑资源分类及顾客创造服务价值的观点，以参展商展览服务质量评价为例，试图构建一个新的服务质量评价模型，将主要分析以下几个方面的问题。

第一，现有顾客服务质量评价模型存在哪些不足？

第二，服务主导逻辑操作性资源和对象性资源的划分对服务质量评价模型有何启示意义？

第三，展览服务生产所需要的资源及顾客是服务价值创造者的观点在服务质量评价模型中如何得到体现？

（四） 主要章节及其内容

根据以上三个方面的问题，本书分为以下八章。

第一章为绪论。主要分析服务业或服务活动在宏观经济和微观企业经营活动中的作用，分析现有服务相关研究存在的不足，指出服务主导逻辑的主要观点，提出本书所研究的内容、拟采用的方法等。

第二章是对现有相关研究成果的分析。对服务主导逻辑的观点及其后续发展进行了详细分析，对服务主导逻辑、现有服务和企业管理理论的相关观点进行了分析，指出了现有研究存在的不足。

第三章是案例选择、数据收集和研究设计等。笔者选取一个典型案例，采用扎根理论及定量研究方法等对案例企业的服务资源分类、整合过程和参展商服务质量评价等进行分析，同时对笔者的研究思路及技术路线进行了介绍。

第四章是对展览服务资源进行分类，并找出服务资源变化规律。本章以案例企业为参展商提供的《M 科技展参展手册》（以下简称《参展手册》）及《CIS 信息服务平台用户手册》（以下简称《CIS 用户手册》）为基础，利用 ROST CM 6 文本内容分析工具对案例企业展览服务所需要的操作性资源和对象性资源进行分析、归类，同时运用扎根理论分析了案例企业展览服务内容及服务方式的变化，归纳了案例企业在展览服务过程中操作性资源和对象性资源的变化规律等。

第五章分析案例企业内部资源整合过程。研究了案例企业在多部门分工的情况下，各部门间如何协作，共同为展商提供一次完整的参展经历。本章分析了"部门制"对操作性资源和对象性资源分配及其发展产生的影响，同时分析了各部门独立运作对部门协作或资源整合带来的困难等，最终归纳出案例企业内部资源整合规律，构建了一个内部资源整合模型。

第六章主要分析案例企业与外部合作者之间的资源整合过程。本章对案例企业外部资源整合过程进行分析，发现它与行业协会、媒体机构等建立了合作关系，且这种关系表现出服务主导逻辑所提出的临时性、短暂性等特征。本章研究了案例企业如何协调各方利益，降低企业间合作成本，实现整合多方资源共同为顾客提供服务等。

第七章分析服务主导逻辑下的服务质量评价模型。笔者基于服务主导逻辑中资源可被划分为操作性资源和对象性资源，提出顾客是服务价值的创造者等，这些观点对顾客服务质量评价的研究具有启示意义。本章根据服务主导逻辑理论及现有学者关于展览服务评价内容或指标的分析，构建了一个新的参展商展览服务质量评价模型，并进行了实证分析。此外，现有研究成果表明空间区位等因素能影响展商的参展效果及服务质量评价等，本章分析了对象性资源在空间的分布以及对展览现场不同性质小区域的规划如何反映服务提供者的操作性资源。与此同时，本章构建了两个反映展览现场空间区位条件的指标，并分析了它们对参展商展览服务质量评价指标感知结果的影响。

第八章为结论。总结了本研究的主要结论及不足，同时对后期的研究方向和内容进行了分析。

（五）研究的目的和意义

本研究通过选择一个典型的展览企业案例来分析服务主导逻辑理论的适用性，同时发展该理论，弥补其不足。此外，笔者希望通过将服务主导逻辑引入到展览行业，以推动该行业的发展及展览服务管理的研究等。

第一，服务主导逻辑提出后受到众多学者的关注，也对国内外服务管理的研究产生了系列影响。但服务主导逻辑也受到学者的一些质疑，认为该理论尚处于理论发展阶段等，如服务主导逻辑提出了 10 个基础假设（见第二章），这些假设涉及服务资源类型、服务价值传递机制，以及企业和顾客在服务提供、服务价值创造过程中的作用等。部分学者认为这些观点缺乏实践基础，关键概念有待厘清等。因此本书以服务主导逻辑的核心观点为基础，分析它们在具体行业的适用情况，如研究操作性资源中"知识"和"技能"划分得是否合理，服务企业如何整合操作性资源和对象性资源，顾客行为如何影响其服务质量评价等，最终可推动服务主导逻辑资源分类及资源整合理论、服务产品结构相关理论的发展，并以展览服务为例构建了一个新的服务质量评价模型。

第二，本书对推动服务行业，特别是展览行业的发展和研究具有较好的启示意义。服务业越来越受到国家、地区政府的重视，服务活动也被企业视为提升自身竞争力的重要途径。服务主导逻辑基于操作性资源和对象性资源的划分，提出服务的本质是相互创造价值，所有经济都是服务经济等，该观点适应了服务业及制造业融合发展的趋势。本书分析两类资源（包括操作性资源中的"知识"和"技能"）在服务产品中的表现形式，企业如何整合内、外部资源以提供服务产品等，其结论有助于企业更全面地审视自身服务提供行为，为顾客提供更优质的服务等。本书研究了一个典型的多部门、多个外部合作者共同为参展商提供服务的案例，其分析结果对展览企业的管理及展览服务的研究具有较好的启示意义。

三 质性与量化结合的研究方法

（一）扎根理论研究方法

扎根理论是一种质性研究方法，能在经验资料的基础上建立与创新理论[①]，它克服了一般定性研究缺乏规范的方法论支持、研究过程难以追溯和检验等问题，因此被认为是一种科学的研究方法。[②] 本书通过扎根理论中的开放性译码、主轴译码及选择性译码等过程对案例企业服务提供所需要的资源，并对内外部资源整合过程等进行了分析。扎根理论适用于以下两种情况：一种情况为与研究现象相关的概念没有完全被厘清或概念间的关系没有完全被了解，另一种情况为某些现象至今未有人做过切实的研究。[③] 本书研究服务企业内外部资源整合等现象，发现现有服务及企业管理等理论已对该问题有所研究，但仍存在一些不足，因此属于第一种情况。

（二）深度访谈和实地观察法

扎根理论的分析需要运用一定量的文本资料，笔者采用深度访谈和实地观察法（进入案例企业实习，旁听案例企业总结讨论会等），对案例企业进行调研，收集案例企业提供展览服务所需要的资源、内部及外部资源整合等方面的资料。在访谈过程中，为了防止研究者过度参与可

---

① 文军、蒋逸民：《质性研究概论》，北京大学出版社，2010。
② 贾旭东、谭新辉：《经典扎根理论及其精神对中国管理研究的现实价值》，《管理学报》2010 年第 5 期。
③ Anselm Strauss、Juliet Corbin：《质性研究概论》第一版，徐宗国译，台北，巨流图书公司，1997。

能打断被访谈对象的思路，影响访谈结果等，因此访谈主要采取提问的方式，尽量鼓励访谈对象表达自己的观点，避免研究者过度介入。[①] 此外，笔者也多次进入展览现场参观，拍摄了 618 张照片，用于补充分析展览活动举办所需的设施或物品等。对公司部门的访谈及总结讨论会全程都有录音，笔者将其整理成了文字资料。

（三）问卷调查法

本研究基于服务主导逻辑操作性资源及对象性资源划分，以及顾客创造服务价值等观点，同时对现有学者提出的展览服务质量评价内容、指标等进行了系统分析和总结，最终构建了一个参展商展览服务质量评价模型。由于模型的实证分析需要以参展商的展览服务质量评价结果为依据，因此笔者采用问卷调查的方法收集相关数据。由于本调研涉及的问卷数量较多，而案例企业每年都会聘请第三方调研公司在展期对参展商的满意度进行调查，因此笔者将设计好的问题纳入公司的调研问卷中，最终收集了 1030 份有效问卷（分析结果见第七章）。

（四）本研究采用文本内容分析工具和自动译码工具相结合的分析方法

在运用扎根理论进行分析的过程中，需要运用内容分析法对相关资料进行分析和比较等，最终完成译码工作。笔者在对文本资料进行分析的过程中，采取了 ROST CM 6 文本内容分析工具、NVivo 质性研究工具和人工阅读相结合的方法。在对展览服务所包括的资源进行分析的过程中，由于服务主导逻辑描述的操作性资源和对象性资源在案例企业《参展手册》文本资料中较多地表现为单个的词语，如物体或服务设施的名称等，因此在该部分分析中，本文采用了 ROST CM 6 文本内容分析工具。此外，本研究通过该软件中语义网络分析和情感分析等功能，开展了扎根理论译码结果检验等工作（见第四、六章）。

扎根理论是一个动态的分析过程，在运用扎根理论进行分析的过程中，可能会因为后面的一些发现，而调整前期的译码结果，因此译码结

---

① 本书采用访谈资料时，在不改变原意的情况下对被采访者语言有所加工。

果和理论的生成并不会一蹴而就，笔者对扎根理论译码分析结果进行了反复分析及多次比较。该过程借助了 NVivo 质性研究工具，其内容包括在人工阅读完成开放性译码、确定相关概念后，借助 NVivo 工具中的查询及自动译码功能，在相关文本资料中查询与开放性译码生成概念相关的句子（如查询开放性译码所形成概念中的关键词），以进一步补充与该概念相关的译码参考点，与此同时对译码参考点较少（译码参考点少于 2 个），且与其他概念意义相近的概念进行合并等。此外，本文利用 NVivo 工具中的案例节点及矩阵查询功能，对案例企业部门间及外部合作者资源整合事件进行了归纳及比较等，其结果有助于选择性译码结果的生成等（见第五章和第六章）。

四 深化展览服务产品结构及质量评价理论

笔者基于服务主导逻辑操作性及对象性资源的划分、服务企业作用、顾客创造及决定服务产品价值等观点，分析了案例企业为参展商提供服务所涉及的资源，同时分析了案例企业的内外部资源整合过程，以及参展商对案例企业展览服务的质量评价等，本研究的创新点主要表现在以下三个方面。

（一）推动了服务主导逻辑资源分类理论的发展，深化了对服务产品结构的认识

服务主导逻辑中资源可被划分为操作性资源和对象性资源，认为操作性资源可分为知识和技能，但并未分析在具体的服务产品中哪些是知识，哪些是技能等。笔者通过对案例企业参展商服务产品的分析，发现服务产品并不是一个不可再分的整体，它可以再细分为不同的服务项目，本文提出服务人员对服务产品构成（即包含在哪些服务项目中及其服务项目之间的关系等）的理解属于"服务结构"知识，认为它属于服务主导逻辑中操作性资源所描述的"知识"，推动了服务主导逻辑资源分类理论的发展。与传统的产品结构理论相比，本研究发现服务产品包括不同的服务项目，它反映了顾客的"核心利益"可以被细分为不同的需求，最终笔者结合服务主导逻辑操作性资源和对象性资源分类理论，提出了一个服务产品结构模型（见第四章），深化了对服务产品结构的认识。

（二）发展了服务主导逻辑下的企业资源整合理论

笔者通过对案例企业资源整合过程进行分析，提出部门员工在具体业务上表现出来的专业性属于一种操作性资源，而"部门"则属于容纳特定操作性资源和对象性资源的"容器"，此时企业内部资源整合通过部门间协作实现。笔者通过对案例企业内部资源整合过程进行分析，发现权力、利益和责任是影响部门协作或资源整合的关键，在三者界定清楚的情况下，服务资源属于哪个部门并不重要，重要的是特定服务项目的负责部门拥有调动资源的权力。本研究所归纳的内部资源整合规律既保持了部门分工带来生产效率提高的优势，同时也能避免部门分工模式下各部门追求自身利益，而导致部门服务协作缺乏动力等弊端。

对于外部合作者的资源整合，笔者发现外部合作者在各自业务上的专业性属于服务企业需要整合的操作性资源。针对企业对外部资源缺乏控制权的特征，本研究发现案例企业利用了外部合作者所拥有的资源具有用途多样性的特征，通过价值创新使合作者的资源发挥出更大的价值，最终实现共同为顾客提供服务。本研究对案例企业资源整合过程的分析对推动服务主导逻辑企业内、外部资源整合相关理论的研究有较好的启示意义。

（三）基于服务主导逻辑构建了新的服务质量评价模型

传统服务管理理论认为服务产品是以"活动"或"行为"为核心的，认为服务产品具有无形性、不可储存性、消费和生产同时性等特征，加大了服务产品质量评价研究的难度。本研究基于服务主导逻辑操作性资源及对象性资源划分，及顾客是服务价值创造者的观点，提出将服务质量评价内容划分为专业服务（对应于操作性资源）、物理环境

（对应于对象性资源）及核心利益（对应于服务产品所传递的价值）3个维度。此外，笔者认为顾客的参与行为影响其服务价值创造，因此提出将顾客参与视为影响服务质量评价的前置变量，同时认为可靠性、移情性等属于影响顾客服务质量评价的共同性要素，它们能影响顾客的服务参与行为。最终本研究以案例企业向参展商提供的服务为例，构建了一个新的服务质量评价模型，并对它进行了实证分析。由于服务主导逻辑中的资源分类及顾客创造服务价值的观点适用于所有服务产品，因此本研究所归纳的3个主维度适用于所有服务行业（不同服务产品质量评价内容的差异通过各维度的具体指标得到体现），最终为比较不同行业服务产品质量评价的研究提供了一个参考模型。

第二章

服务管理理论及服务主导逻辑发展概述

一 服务管理理论发展分析

服务的概念可以追溯到 1750 年，当时被认为是除农业生产以外的其他所有活动。[①] 1960 年美国市场营销学会将服务定义为"用于出售或者是同产品连在一起进行出售的活动、利益或满足感"。[②] 科特勒等将服务定义为一方能够向另一方提供的、基本上无形的任何活动或作业，结果不会导致任何所有权的发生，并认为服务可能与有形产品产生联系，也可能毫无关系。[③] 以上对服务的定义均表现出以"活动"或"行为"为核心，认为服务产品具有无形的特征，建议将服务与有形产品分开进行研究，本书将以此为基础建立起来的服务管理理论称为传统服务管理理论。

刘月和罗利对传统服务管理理论的发展过程进行了分析，将其归纳为 3 个阶段。20 世纪 70~80 年代，属于奠基时期，标志性的事件是诺迪克服务学派（nordic school）的形成。这个时期企业生产活动以服务

---

① 张竟浩：《基于适配理论的制造企业服务创新战略路径研究》，大连理工大学博士学位论文，2010。
② 徐金灿、马谋超、陈毅文：《服务质量的研究综述》，《心理科学进展》2002 年第 2 期。
③ 菲利普·科特勒、凯文·莱恩·凯勒：《营销管理》第 13 版，王永贵等译，格致出版社、上海人民出版社，2009。

为导向的现象受到学者的重视，服务产品的特性受到关注，提出服务产品的特征包括无形性、多样性、生产和消费同时性等。[①] 该时期代表性的人物有 Gummesson、Grönroos 和 Normann 等[②]。

第二阶段为 20 世纪 80 ～ 90 年代初期，是传统服务管理理论的初步形成时期。该时期对服务运作的研究开始摆脱制造业的管理理论，形成多学科融合的特征。[③] 例如，Grönroos 将服务管理与传统的企业管理理论进行了对比，认为服务管理包括：[④] 顾客如何感知服务效应，企业如何生产和提供这种效应等内容，认为服务管理虽然不能确定已发展成为一个独立的学科，但已经成为一个研究管理的视角等。与此同时，这时期服务管理的研究开始重视与其他学科建立联系，深化了服务管理的研究内容。如在服务质量管理方面，Parasuraman 等提出了服务质量差距模型[⑤]，Grönroos 将服务结果视为技术质量，将服务操作过程视为功能质量[⑥]，PZB 提出了 SERVQUAL 量表等[⑦]；在与营销结合方面，Gummesson 提出重视兼职营销人员 (part-time marketers)，开始强

① Parasuraman A. , Zeithaml V. A. , Berry L. L. , "A conceptual Model of Service Quality and Its Implications for Future Research," *Journal of Marketing* 49 (1985). Lynn S. G. , "Breaking Free from Product Marketing," *Journal of Marketing* 41 (1977). Grönroos C. , "A Service – oriented Approach to Marketing of Services," *European Journal of Marketing* 12 (1978). Regan W. J. , "He Service Revolution," *Journal of Marketing* 27 (1963).

② Grönroos C. , "Scandinavian Management and the Nordic School of Services – contributions to Service Management and Quality," *International Journal of Service Industry Management* 2 (1991).

③ 刘月、罗利：《服务管理理论研究进展》，《管理评论》2004 年第 4 期。

④ Grönroos C. , "Service Management: A Management Focus for Service Competition," *International Journal of Service Industry Management* 1 (1990).

⑤ Parasuraman A. , Zeithaml V. A. , Berry L. L. , "A Conceptual Model of Service Quality and Its Implications for Future Research," *Journal of Marketing* 49 (1985).

⑥ Grönroos C. , "A Service Quality Model and Its Marketing Implications," *European Journal of Marketing* 18 (1984).

⑦ Parasuraman A. , Zeithaml V. A. , Berry L. L. , "SERVQUAL: A Multiple – item Scale for Measuring Customer Perceptions of Service Quality," *Journal of Retailing* 64 (1988). Parasuraman A. , Zeithaml V. A. , Berry L. L. , "Reassessment of Expectations as A Comparison Standard in Measuring Service Quality: Implications for Future Research," *Journal of Marketing* 58 (1994).

调公司内部营销（internal marketing）等。[①]

第三阶段为 20 世纪 90 年代至今，属于传统服务管理理论的深入发展时期，该时期服务管理理论的范畴被拓宽，其研究对象转为具体的行业和案例等，且在方法上以实证和定量研究为主。[②] 该时期学者对服务管理领域的研究更加细化，有学者对信息技术在服务业的运用、服务系统及网络、顾客的服务参与、顾客与员工之间的接触等进行了系列研究。[③] 这一时期国内学者一方面对服务基础理论进行深入研究，另一方面学者的研究领域和研究问题也开始朝多元化、更细微和具体等方向发展，有学者对服务公平性、顾客消费情况、顾客参与、服务创新等进行了系列研究。[④]

近年来，学界在传统服务产品与有形产品相关领域的研究表现出融合发展的趋势。以服务创新研究为例，学界对它的研究经历了吸收（assimilation）、分离（demarcation）和整合（synthesis）三个阶段[⑤]，其中吸收方法认为可以将制造业相关的创新方法和理论直接应用于服务创新的研究。[⑥] 分离方法提出服务创新与制造业创新有较大区别。[⑦] 整

---

① Gummesson E. , "Marketing – orientation Revisited: The Crucial Role of the Part – time Marketer," *European Journal of Marketing* 25 (1991). George W. R. , "Internal Marketing and Organizational Behavior: A Partnership in Developing Customer – conscious Employees at Every Level," *Journal of Business Research* 20 (1990).

② 刘月、罗利：《服务管理理论研究进展》，《管理评论》2004 年第 4 期。

③ Parris D. L. , Bouchet A. , Peachey J. W. , et al. , "Change is Hard: Overcoming Barriers to Service Innovation," *Journal of Services Marketing* 30 (2016). Barile S. , Lusch R. , Reynoso J. , et al. , "Systems, Networks, and Ecosystems in Service Research," *Journal of Service Management* 27 (2016).

④ 汪纯孝、温碧燕、姜彩芬：《服务质量、消费价值、旅客满意感与行为意向》，《南开管理评论》2001 年第 6 期；安贺新：《服务公平对顾客体验、顾客满意与顾客忠诚影响机理的实证研究——基于对北京市部分酒店的调查数据》，《中央财经大学学报》2012 年第 1 期；简兆权、肖霄：《网络环境下的服务创新与价值共创：携程案例研究》，《管理工程学报》2015 年第 1 期。

⑤ Vence X, Trigo A. , "Diversity of Innovation Patterns in Services," *The Service Industries Journal* 29 (2009).

⑥ Barras R. , "Towards A Theory of Innovation in Services," *Research Policy* 15 (1986).

⑦ Sundbo J. , Gallouj F. , "Innovation as A Loosely Coupled System in Services," *International Journal of Services Technology and Management* 1 (2000).

合方法提出将产品和无形服务纳入统一框架进行研究，强调制造或服务的结合，而非二者过程或形式上的差异。① Bilderbeek 等更是提出了"四维度模型"（见图 2-1）②，认为制造业领域的技术创新与新服务概念、新顾客交互、新服务传递之间（传统服务业领域）相互作用，最终形成了服务创新。

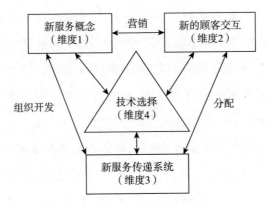

图 2-1 服务创新的四维度模型简图

二 服务主导逻辑的主要观点及存在的问题

传统服务管理理论虽然取得了一定发展，但服务产品以"活动"或"行为"为核心，具有无形性、生产和消费同时性等特征的思想使传统服务管理理论的发展遇到了瓶颈。有学者认为，对服务质量评价的研究是否应基于顾客服务感知与期望的差距？在服务产品分类理论所描述的"纯粹的有形产品"到"纯粹的服务"的连续带中③，"纯粹的有形产品"到底属于服务产品还是有形产品等方面存在争议。此

① Vence X, Trigo A., "Diversity of Innovation Patterns in Services," *The Service Industries Journal* 29 (2009).

② Bilderbeek R., Hertog P. D., Marklund G., et al., "Service in Innovation: Knowledge Intensive Business Service as Co-producers of Innovation," STEP Report No. S14S (1998).

③ 菲利普·科特勒、凯文·莱恩·凯勒：《营销管理》第 13 版，王永贵等译，格致出版社、上海人民出版社，2009。

外，将服务产品与有形产品分开进行研究的思想也不能适应服务业与制造业融合发展的趋势。

Vargo 和 Lusch 在 2004 年正式提出了服务主导逻辑①之后，该理论激发了一大批学者的研究兴趣，被认为可以形成一种新的商业或营销视角。② 国内学者也对服务主导逻辑产生的原因、内容、理论修正过程及在特定行业的运用等进行了分析③，但整体而言国内目前对该理论的研究仍处于理论引进、探讨阶段。近年来随着研究的深入，国外学者对服务主导逻辑的研究取得了系列成果，同时也指出了服务主导逻辑的不足，部分学者甚至提出了新的服务理论或视角，如顾客主导逻辑和服务逻辑等。本研究对服务主导逻辑核心观点进行了分析，将其归纳为服务本质及服务提供机制（涉及本书服务资源分类）、服务企业职能（涉及本书服务企业资源整合分析）、顾客参与及创造服务价值的作用（涉及本书服务质量评价）三个方面（见表 2 - 1），并以此为基础对服务主导逻辑及服务管理理论等现有研究成果进行分析，指出现有研究存在的不足。之后，本研究以展览服务为背景，选择一个具体的案例，将服务主导逻辑运用于该行业进行研究，其结果一方面可以推动服务主导逻辑的发展，另一方面又可通过引入服务主导逻辑理论，推动展览服务管理等相关领域的研究及展览行业的发展等。

① Vargo S. L. , Lusch R. F. , "Evolving to A New Dominant Logic for Marketing," *Journal of Marketing* 68（2004）. Vargo S. L. , Lusch R. F. , "Service Dominant Logic：Continuing the Evolution," *Journal of the Academy of Marketing Service* 36（2008）.

② Chris M. , "Rhetoric and the Foundation of the Service - dominant Logic," *Journal of Organizational Change Management* 7（2014）.

③ 郭朝阳、许杭军、郭惠玲：《服务主导逻辑演进轨迹追踪与研究述评》，《外国经济与管理》2012 年第 7 期；王潇、杜建刚、白长虹：《从"产品主导逻辑"到"顾客参与的价值共创"——看西方服务范式四十年来的理论演进》，《商业经济与管理》2014 年第 11 期。

表 2 - 1　服务主导逻辑的基础假设

主要内容	修改前的基础假设	修改后的基础假设	修改原因
服务本质及服务提供机制	专业知识和技能的运用是交换的基本单位（假设 1）	服务是交换的基础	"交换的基本单位"这一表述有很深的商品主导痕迹
	非直接交换掩盖了基本交换单位（假设 2）	非直接交换掩盖了交换的基础	"交换的基本单位"这一表述有很深的商品主导痕迹
	商品是服务提供的一个分销机制（假设 3）	没有修改	没有修改
	知识是获取竞争优势的基础资源（假设 4）	操作性资源是获得竞争优势的基础资源	知识属于一种操作性的资源，因此用操作性资源更全面、清晰
	所有的经济都是服务经济（假设 5）	所有经济都是服务经济	复数表示不同服务产品及部门的划分，而用单数表示一般性的服务过程，更符合服务主导逻辑对服务的定义
	顾客始终是共同生产者（假设 6）	顾客始终是共同创造者	生产一词具有较深的商品主导痕迹，用创造凸显"共同"创造过程
服务企业职能	企业只提出价值建议（假设 7）	企业不能传递价值，它们只提出价值建议	强调企业不能生产服务价值，它们提出价值建议，与顾客共同创造价值
	以服务为中心就是以顾客和关系为导向（假设 8）	以服务为中心就是以顾客和关系为导向	服务的定义中强调互惠，因此服务主导逻辑是以顾客和关系为导向
	组织结构的存在就是为了将各自专业化的技能整合起来转变为复杂的服务，以适应市场的需求（假设 9）	所有的社会和经济主体是资源的整合者	强调资源整合的角色同样适应于个人、家庭，甚至所有的经济实体
顾客作用	之前虽然通过"顾客感知、顾客决定"等概念强调顾客对价值的决定作用，但未单独提出（假设 10）	价值总是唯一地、现象性地被受益方决定	强调价值具有独特性、体验性、情境性，被（顾客）赋予了意义

资料来源：Vargo S. L. , Lusch R. F. , "Evolving to A New Dominant Logic for Marketing," *Journal of Marketing* 68 （2004）. Vargo S. L. , Lusch R. F. , "Service Dominant Logic：Continuing the Evolution," *Journal of the Academy of Marketing Service* 36 （2008）.

1. 服务主导逻辑资源分类观点及存在的不足

服务主导逻辑包括 10 个基础假设（foundational premises，简称 FPs）。一个新的理论或范式，通常可划分为"硬核"和"保护带"，其中"硬核"属于比较稳定的部分;"保护带"是辅助性的假设,有调整的弹性。[①] 笔者对10个基础假设进行分析,发现前5个基础假设主要阐述了服务本质及服务提供机制,属于服务主导逻辑的"硬核"。服务主导逻辑中的资源可划分为操作性资源和对象性资源,操作性资源是能产生效益或影响的资源,如人的知识和技能等,具有"动态"和"无穷"等特征;对象性资源是产生效益或影响的行动或行为指向的对象,如土地、动植物、矿产等资源,具有"静态"和"有限"等特征。[②] 本书对展览服务相关内容的分析是以服务主导逻辑为基础,因此对资源的定义和分类采用这一观点。Vargo 和 Lusch 在资源分类的基础上提出服务即"通过行为、过程和行动发挥自己的专业能力为自身及其他个体创造利益",认为操作性资源在社会个体中不平等地分布,产生了分工及交换,不同主体间相互提供服务(假设1)。随着大规模非直接交换的出现,产生了"一般等价物"[③],它掩盖了市场交换的内容(假设2)。针对服务产品交换及提供机制,Vargo 和 Lusch 进一步提出有形物品仅是服务产品的一部分,它携带着潜在的使用价值,是服务产品的一种分销机制(假设3),而知识等操作性资源是服务产品获取竞争优势的基础(假设4),最终提出所有的经济都是服务经济(假设5)。

学者对服务主导逻辑资源分类及产品构成理论有如下分析。针对操作性资源包括的知识和技能,Purvis 提出,知识具有可证实、能表达、可进行逻辑运算的特征,属于一种"心理语言"模式,可以在不同成员间共享和交流;而技能成功地与所在环境进行互动的能力,可视为是个体对外界环境的一种"应对",表现为"知道如何操作"。[④] "知识"

[①] 马涛:《西方经济学的范式结构及其演变》,《中国社会科学》2014年第10期。

[②] Vargo S. L. , Lusch R. F. , "Evolving to A New Dominant Logic for Marketing," *Journal of Marketing* 68 (2004) .

[③] Vargo S. L. , Maglio P. P. , Akaka M. A. , "On Value and Value Co - creation: A Service Systems and Service Logic Perspective," *European Management Journal* 26 (2008) .

[④] Purvis M. K. , Purvis M. A. , "Institutional Expertise in the Service - dominant Logic: Knowing How and Knowing What," *Journal of Marketing Management* 28 (2012) .

可以被个体利用从而产生效益，因此 Purvis 提出"知识"是对象性资源。笔者认为"知识"具有 Lusch 等描述的动态和无穷等特征，与人类活动紧密相连，因此认同 Vargo 和 Lusch 提出的属于操作性资源的观点。Randall 等则用"知识"和"应用知识"来区分操作性资源，认为"知识"具有普遍性和一般性，而"应用知识"表示将特定知识转变成价值建议，它具有动态性、发展性及情境性，与特定时间、地点、顾客等相联系。[①] 此外，有学者对如何管理员工的知识及技能、如何将它们转化成潜在的服务价值等进行了研究。[②]

总体而言，将资源分为操作性资源和对象性资源的观点得到多数服务主导逻辑研究人员的认同，但也有部分学者对其提出了质疑。如 O'Shaughnessy 对服务的概念进行了分析，提出服务一般被视为表现出来的"功能"，如"交通"服务等（表现为结果）；[③] 而 Vargo 和 Lusch 错误地将服务界定为表现出来的"行动"，即利用自身的技能为他人提供利益，体现出服务过程。之后 O'Shaughnessy 进一步提出，操作性资源和对象性资源的区分正是为了满足将服务描述成一个"行动过程"的需要，使操作性资源成为"服务"不可或缺的组成部分，使"服务"变成一个无所不包的概念。

笔者认为服务主导逻辑对操作性资源和对象性资源的划分以及将服务定义为满足他人（顾客）利益的过程有其合理性，是属于从"整体"产品的视角定义服务，反映了顾客关注的是整体服务结果，而非单一的有形物品或服务行为。例如，在传统服务管理理论中，科特勒提出了产品层次理论，认为任何产品可划分为核心利益、基本产品、期望产品、附加产品和潜在产品，其中核心产品是获得的利益，基本产品为核心利

① Randall W. S., Nowicki D. R., Deshpande G., et al., "Converting Knowledge Into Value," *International Journal of Physical Distribution & Logistics Management* 44 (2014).

② Åkesson M., Skålén P., "Towards a Service – dominant Professional Identity," *Journal of Service Management* 22 (2011).

③ O'Shaughnessy J., O'Shaughnessy N., "The Service – dominant Perspective: A Backward Step?" *European Journal of Marketing* 43 (2009).

益的实现提供支持，期望产品、附加产品和潜在产品代表了额外的服务行为或利益等。① 因此，笔者认为从"整体"产品视角（包括将服务视为满足顾客需求的过程）定义服务具有一定的合理性，更能适应服务管理及服务营销发展的需要等。但 Vargo 和 Lusch 的资源分类观点也存在不足，表现为操作性资源可以划分为知识和技能，而学者对知识和技能在服务提供过程中的表现形式及其作用等未做深入的分析，因此操作性资源中知识和技能的划分是否合理，它们各自包括哪些内容等可以做进一步的研究。

（二）服务主导逻辑提出企业是资源整合者

服务主导逻辑描述了服务价值的产生过程及决定因素，Vargo 和 Lusch 将顾客最终获得的"利益"称为"使用价值"，储存在商品中的价值称为交换价值。② 基于两类"价值"的区分，服务主导逻辑最终提出企业在顾客获取服务价值的过程中仅提供价值建议（假设7）。

为了清楚地描述服务主导逻辑下企业和顾客在服务价值产生过程中的作用，Grönroos 和 Voima 对该过程进行了总结（见图 2-2），认为服务价值的创造包括服务提供者和顾客"两端"，在提供者端，服务企业独立设计、发展、制造服务产品，向顾客提出了价值建议，该阶段决定了产品的"交换价值"；顾客端主要是顾客消费服务，该过程决定了服务的使用价值，并认为使用价值的产生是一个累积的过程等。③

服务主导逻辑认为企业并不能创造服务价值，只能通过提出"价值建议"而产生"交换价值"。学界对企业如何提出"价值建议"等进

---

① 菲利普·科特勒、凯文·莱恩·凯勒：《营销管理》第13版，王永贵等译，格致出版社、上海人民出版社，2009。
② Vargo S. L., Lusch R. F., "Evolving to A New Dominant Logic for Marketing," *Journal of Marketing* 68（2004）.
③ Grönroos C., Voima P., "Critical Service Logic: Making Sense of Value Creation and Co-creation Christian," *Journal of the Academy of Marketing Science* 41（2013）.

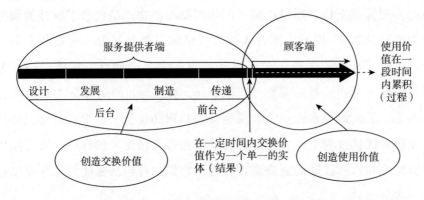

图 2-2 服务主导逻辑有关价值的相关概念

行了较为详细的研究，认为它可以划分为不同的类型。① 如 Kowalkowski 提出可以根据"价值建议"的"焦点"将其划分为两种类型，即使用价值建议和交换价值建议，它反映了服务企业的目标和能力，以及与顾客之间的关系等（见表 2-2），同时根据"互惠服务"的概念，提出在服务过程中顾客也向企业提出价值建议。②

表 2-2 决定价值建议属性的因素

相关因素	交换价值	使用价值
与提供者相关的因素	有限的顾客操作和需求知识 缺乏向顾客提供复杂产品的能力或意向	延伸的顾客操作和需求知识 有经验和能力，致力于向顾客提供复杂产品
	单向沟通：难以向顾客证明潜在价值	复杂沟通：与顾客共同创造，证明潜在价值
	以产品为中心的企业文化，以销售为导向	以顾客为中心的企业文化，重视管理
	较低的风险管理技能 不被现有或潜在的顾客视为可以信赖的	很强的运营、金融、战略风险管理技能 具有与顾客建立信赖关系的潜力
	与顾客属于弱的战略或运营层面的关系	与顾客属于强的战略或运营层面的关系
	以短期关系为导向	以长期关系为导向

---

① Kowalkowski C., "Dynamics of Value Propositions: Insights from Service - dominant Logic," *European Journal of Marketing* 45 (2011). Frow P., Payne A., "A Stakeholder Perspective of the Value Proposition Concept," *European Journal of Marketing* 45 (2011).

② Kowalkowski C., "Dynamics of Value Propositions: Insights from Service - dominant Logic," *European Journal of Marketing* 45 (2011).

续表

相关因素	交换价值	使用价值
与顾客相关的因素	顾客与提供者有限合作	顾客与服务者建立有效的合作关系
	购买者不了解公司的运营	成熟的购买者,欢迎公司新的理念或价值机会
	顾客在合同期的要求清晰且较低	有可能建立长期的合同关系
	支付者对购买决策有重要影响	使用者有战略眼光,且在购买端扮演重要角色
	购买端对于价值创造在时间和空间上存在明显的短视	购买端对价值创造有系统的了解
	弱的挖掘"价值建议"能力	知识内部化,能有效利用"价值建议"
	采购者地位较低	采购承担战略功能
	购买端采购"产品"	购买端采购"解决问题的方法"
	在服务提供者选择方面存在短视	将服务提供者的选择视为长期战略
	价值"决定"订单:顾客更喜欢价格降低而非价值增加,以及价值降低而非价格增加	价值"影响"订单:顾客更喜欢价格上升而非价值下降,以及价值增加而非价格降低
	传统的以产品为中心的评价系统	能有效检测各种价值的评估系统

企业除了在服务提供过程中提供"价值建议"外,其另外一个重要的角色就是对服务资源进行整合。服务主导逻辑认为操作性资源和对象性资源可能被不同的主体拥有,提出所有社会和经济主体(服务企业及个人)都是资源的整合者(假设9),并提出了服务的提供要以顾客为导向,重视与顾客之间的关系(假设8)。[①] 笔者认为对于单个企业,其所掌握的服务资源可划分为企业内部资源和企业外部资源两种情况,前者属于服务企业可自由支配的资源,后者需要企业通过各种方式去获取、整合,因此两者有较大的差别。服务主导逻辑提出了企业应整合各类资源为顾客提供服务,但没有深入分析企业如何整合操作性资源和对象性资源等。因此,笔者对服务主导逻辑、现有服务和企业管理理论以及企业内外部资源整合相关的研究成果进行了归纳,分析其不足,

① Vargo S. L. , Lusch R. F. , "Evolving to A New Dominant Logic for Marketing," *Journal of Marketing* 68 (2004) .

为本研究提供参考。

（三）服务主导逻辑及现有相关理论在内部资源整合方面的不足

1. 服务主导逻辑在内部资源整合方面的研究

目前服务主导逻辑对企业内部服务资源整合的研究相对较少，其内容主要集中在对操作性资源的划分及如何将操作性资源转化为服务结果等。例如，针对服务主导逻辑将操作性资源划分为知识和技能，Purvis 等根据企业内部不同岗位和员工职能，引入元角色概念（meta - role），认为存在四种基本类型，即发号施令者（commander）、知识、技能和工人；认为不同个体会有所特长，有的专长于知识，有的专长于技能，而不同层级的人员，所具备的知识或技能也有差异等，如企业高管属于发号施令者，可能同时拥有相应的知识和技能，而层级较低的人，可能只拥有知识或技能等。[①]

如何协调所有员工（拥有操作性资源）共同参与服务生产也成为学者研究的重点。Åkesson 等研究了企业内部员工如何形成符合服务主导逻辑要求的职业认同[②]，提出该类企业具有 4 个特点，即强调交互作用、顾客导向、共同参与和授权，并提出员工需要经历一个机构内部社会化的过程，而企业在该过程中可以采取六种不同"社会化"方式，即集体或个体方式、正式或非正式方式、顺序或随机方式、固定或变动型方式、连续或间断方式、增强型或削弱型方式。

2. 服务管理及企业组织理论相关的研究成果

在现代企业中，企业一般被划分为多个部门，其中各部门员工所拥有的知识和技能属于操作性资源，而各部门所拥有的物质、设备等属于对象性资源。如何协调各部门，整合它们的资源共同参与服务产品的提供一直是学界研究的重点。传统服务管理理论中关于部门间协作或资源

---

① Purvis M. K., Purvis M. A., "Institutional Expertise in the Service - dominant Logic: Knowing How and Knowing What," *Journal of Marketing Management* 28 (2012).

② Åkesson M., Skålén P., "Towards a Service - dominant Professional Identity," *Journal of Service Management* 22 (2011).

整合的研究可以划分为技术框架和非技术框架两种类型，其中技术框架认为所有的工作都能被量化且能够详细描述出来，主张通过服务流程设计等方式解决部门协作问题。① 服务蓝图和业务流程建模符号是两个代表性工具，前者从顾客的视角，通过顾客与服务人员之间的接触点来详细描述服务的过程及结果；后者用图形化方式描述服务过程中企业内的连接关系、决策节点等，包括了顺序流、信息流、逻辑连接等。

　　非技术框架持相反意见，认为服务量化有较大的困难，主张从组织权力、制度、冲突管理、授权、责任及团队建设等方面研究服务管理。② 早期的服务管理学者认为决策权力应下放、领导者鼓励及支持下属等③，主张将企业视为一个开放的系统，建立职能交错的团队。④ 针对服务过程的复杂性及不确定性，学者认为自我管理型团队是应对服务灵活性及环境变化迅速的有效途径。⑤ 国内学者主要从技术框架角度对服务企业的部门间协作或资源整合问题进行研究，在流程设计及新技术运用、服务科学管理与工程（SSME）、服务蓝图技术的应用等方面进行了研究。⑥ 国内在非技术框架方面的研究主要集中在企业服务文化、员工授权、鼓励顾客参与等方面。⑦

---

① Pheng L. S., "Managing total Service Quality: A Systemic View," *Managing Service Quality: An International Journal* 8 (1998).

② Pheng L. S., "Managing total Service Quality: A Systemic View," *Managing Service Quality: An International Journal* 8 (1998).

③ Grönroos C., "Service Management: A Management Focus for Service Competition," *International Journal of Service Industry Management* 1 (1990).

④ Huq Z., "Managing Change: A Barrier to TQM Implementation in Service Industries," *Managing Service Quality: An International Journal* 15 (2005).

⑤ De J. A., Ruyter K. D., Streukens S., et al., "Perceived Uncertainty in Self-managed Service Teams: An Empirical Assessment," *International Journal of Service Industry Management* 12 (2001).

⑥ 刘作仪、杜少甫：《服务科学管理与工程：一个正在兴起的领域》，《管理学报》2008 年第 4 期；麻亚军：《服务蓝图：国际上最新旅游服务设计方法》，《旅游科学》2001 年第 1 期。

⑦ 金立印：《服务保证对顾客满意预期及行为倾向的影响——风险感知与价值感知的媒介效应》，《管理世界》2007 年第 8 期；贾薇：《顾客参与对顾客价值创造的影响机理研究》，哈尔滨工业大学博士学位论文，2010。

企业的组织结构是影响部门间协作或资源整合的重要因素,在企业实际经营过程中不同群体因目标、利益分配等原因可能产生各种内耗严重制约了企业发展。[①] 现有组织结构理论中关于部门间协作或资源整合的研究与传统服务管理理论表现出一定的相似性,如提出了技术性改善措施,代表性的有界面管理理论、流程再造理论等[②];在非技术性手段方面,出现了通过消除部门间壁垒达到强化内部交流的目的,如企业组织结构出现朝扁平化、网络化、虚拟化方向发展等。[③] 近年来,国内外学者在组织结构变革、团队管理等方面也进行了系列研究。[④]

笔者认为现有服务主导逻辑的研究主要集中在如何将个人知识或技能等转化为服务产品,未能深入研究其他层级,如不同部门间资源的整合等。现有服务及企业管理理论中关于部门间协作或资源整合的研究仍存在一定缺陷,如团队管理模式虽然可以消除部门间壁垒,但牺牲了部门分工带来生产效率的提高,且在该模式下,"成员所得到的支持、人际关系、权力满足等都会对其努力水平及团队绩效产生影响"[⑤],对领导者及成员都有较高的要求,因此目前更多地适用于特定企业或特定部

---

① 秦颖、马超培、张丽等:《组织中的跨部门冲突理论与实证研究》,《工业技术经济》2010年第10期。

② 游达明、王美媛:《界面管理研究动向及未来展望》,《科技进步与对策》2014年第11期;徐从才、丁宁:《服务业与制造业互动发展的价值链创新及其绩效——基于大型零售商纵向约束与供应链流程再造的分析》,《管理世界》2008年第8期。

③ 林志扬、林泉:《企业组织结构扁平化变革策略探析》,《经济管理》2008年第2期。

④ 李海东、林志扬:《组织结构变革中的路径依赖与路径创造机制研究——以联想集团为例》,《管理学报》2012年第8期;Greenwood R., Miller D., "Tackling Design Anew: Getting Back to the Heart of Organizational Theory," *Academy of Management Perspectives* 24 (2010); Roberson Q. M., Williamson I. O., "Justice in Self-management Teams: The Role of Social Networks in the Emergence of Procedural Justice Climates," *Academy of Management Journal* 55 (2012);张光磊、刘善仕、申红艳:《组织结构、知识转移渠道与研发团队创新绩效——基于高新技术企业的实证研究》,《科学学研究》2011年第8期。

⑤ 王永丽、邓静怡、任荣伟:《授权型领导、团队沟通对团队绩效的影响》,《管理世界》2009年第4期。

门，如创新型企业或企业的研发部门等。① 技术框架能以服务或管理流程等方式展示各部门之间的协作或资源整合，有利于查找服务缺陷。但各部门有自己的利益，关系较为复杂，使部门间协作缺乏动力机制，容易导致服务失败。根据以上分析，本文基于服务主导逻辑两类资源划分的观点，重点分析在传统部门分工模式下，企业如何克服部门间在利益上的分歧，实现整合各部门的资源共同向顾客提供服务。

（四）服务主导逻辑及现有相关理论在外部资源整合方面的不足

1. 服务主导逻辑对企业外部资源整合的研究

服务主导逻辑研究人员对企业间资源整合理论、工具等进行了系列研究。在理论研究方面，有学者提出对企业间资源整合的研究可借鉴网络理论、系统理论、复杂性理论、基于表现的供应链管理理论等，认为可以将消费文化理论、人力资源管理理论、神经系统科学等融入服务资源管理的研究中。② 此外学者对企业间连接或资源整合的方式、工具等进行了研究，如在技术层面，认为信息技术的发展对信息的共享具有重要影响；③ 在文化方面，认为品牌在主体间的资源整合起到促进或协调关系的作用，可通过品牌共同创造、传递意义等。④ 此外，也有学者认为可通过改变服务设计、操作以及信息融合的界面等推动企业间的

---

① 柯江林、孙健敏、石金涛等：《企业 R & D 团队之社会资本与团队效能关系的实证研究——以知识分享与知识整合为中介变量》，《管理世界》2007 年第 3 期；王泽宇、王蕊、王国锋：《科研团队领导者的社会网络交互及其对团队绩效的影响》，《南开管理评论》2014 年第 1 期。

② Randall W. S., Nowicki D. R., Deshpande G., et al., "Converting Knowledge Into Value," *International Journal of Physical Distribution & Logistics Management* 44 (2014). Randall W. S., Wittmann C. M., Nowicki D. R., et al., "Service – dominant Logic and Supply Chain Management: Are We There Yet?" *International Journal of Physical Distribution & Logistics Management* 44 (2014).

③ Dobrzykowski D. D., Hong P. C., Park J. S., "Building Procurement Capability for Firm Performance: A Service – dominant Logic View," *Benchmarking: An International Journal* 9 (2012).

④ Fyrberg A., Jüriado R., "What About Interaction?" *Journal of Service Management* 20 (2009).

合作。[1]

在传统服务及企业管理理论中，学者已对企业间资源整合进行了系列研究，如认为资源短期内在企业间具有不可流动或无法获取等特征[2]，企业间的资源整合方式包括合作渗透、外部购并等[3]，此时企业间合作关系一般较为稳定。而服务主导逻辑下企业间的资源整合关系表现出较强的变动性，如 Löbler 研究了多个主体如何构成"服务主导网络"，发现该合作网络具有如下特征：资源是实现特定行动的基础，而所有的人或物都可以成为资源整合的对象；当这些潜在的资源用于实现某一特定行动时，服务主导网络形成，服务主导网络具有短暂性或非永久性。[4] Löbler 以冷藏机发生故障为例，认为在帮助解决冷藏机出现故障的过程中，家庭成员、邻居、运输冷藏机的汽车，甚至城市街道等都构成一个服务主导网络，当任务完成后这一网络将消失。服务主导网络临时性、短暂性的特征加大了合作企业间资源整合的难度。与此同时，Edvardsson 等提出在服务主导逻辑下，企业间的关系不再是简单的"交易"，应由"价值依附"到价值共创，供应链向价值网络等转变，上述特征对企业间资源整合提出了更高的要求。[5]

2. 管理学中关于企业资源整合的研究

管理学中资源整合是指企业对不同来源、不同层次等特征的资源进行选择、汲取、配置、激活和有机融合，使之具较强的柔性、条理性

① Lin Y. , Pekkarinen S. , Ma S. , "Service – dominant Logic for Managing the Logistics Manufacturing Interface," *The International Journal of Logistics Management* 26（2015）.

② Barney J. B. , "Resource – based Theories of Competitive Advantage：A Ten Year Retrospective on the Resource – based View," *Journal of Management* 6（2001）.

③ 叶学锋、魏江：《关于资源类型和获取方式的探讨》，《科学学与科学技术管理》2001 年第 9 期。

④ Löbler H. , "Service – dominant Networks," *Journal of Service Management* 24（2013）.

⑤ Edvardsson B. , Tronoll B. , "A New Conceptualization of Service Innovation Grounded in S – D Logic and Service Systems,"*International Journal of Quality and Service Sciences* 5（2013）. Allred C. R. , Money R. B. , "The Service Hand – off：Effects of Multivendor Service Performance on Customer Satisfaction—An Experimental Study," *Journal of Services Marketing* 24（2010）.

等，并对原有的资源体系进行重构，形成新的核心资源体系。[1] 对资源的重要性，资源基础观认为获取有价值的、稀缺的、不可模仿和替代的资源对塑造企业的竞争力具有重要影响[2]，因此企业在快速变化的环境中能否采取合适的管理战略以吸纳、整合和重组各类资源，即企业的动态能力对企业的竞争力塑造具有重要意义。[3] 国内外管理学领域的研究人员对企业资源整合的过程及其作用进行了详细研究，包括资源整合的概念和方式、资源对企业经营及竞争力培育的影响等。[4] 目前企业间资源整合或合作形成的企业网络、价值网络等是学者研究的重点。[5] 有学者提出价值网络是彼此具有某种专用资产的企业组合在一起共同为顾客创造价值，企业网络内部合作关系较为长期，是企业获得外部资源最有效的方式之一，可降低交易成本、培育市场竞争力等。[6] 有学者认为价值及企业网络的思想打破了传统价值链的线性思维和价值活动相分离的机械模式等，重视创新及资源的价值创造。[7]

---

[1]　董保宝、葛宝山、王侃：《资源整合过程、动态能力与竞争优势：机理与路径》，《管理世界》2011 年第 3 期。

[2]　Barney J. B. , "Firm Resources and Sustained Competitive Advantage," *Journal of Management* 17 (1991) .

[3]　Teece D. J. , Pisano G. , Shuen A. , "Dynamic Capabilities and Strategic Management," *Strategic Management Journal* 18 (1997) .

[4]　周丹：《"资源整合"与"资源重构"两大构念比较——基于资源观视角》，《外国经济与管理》2012 年第 8 期；吴海平、宣国良：《价值网络的本质及其竞争优势》，《经济管理》2002 年第 24 期；Weigelt C. , Shittu E. , "Competition, Regulatory Policy, and Firms' Resource Investments: The Case of Renewable Energy Technologies," *Academy of Management Journal* 59 (2015)；葛宝山、董保宝：《基于动态能力中介作用的资源开发过程与新创企业绩效关系研究》，《管理学报》2009 年第 4 期。

[5]　吴海平、宣国良：《价值网络的本质及其竞争优势》，《经济管理》2002 年第 24 期；杨锐、张洁、芮明杰：《基于主体属性差异的生产性服务网络形成及双重结构》，《中国工业经济》2011 年第 3 期。

[6]　吴海平、宣国良：《价值网络的本质及其竞争优势》，《经济管理》2002 年第 24 期；彭新敏、吴晓波、吴东：《基于二次创新动态过程的企业网络与组织学习平衡模式演化——海天 1971～2010 年纵向案例研究》，《管理世界》2011 年第 4 期；吴勇志：《企业网络理论的四大流派综述》，《技术经济与管理研究》2010 年第 2 期。

[7]　吴海平、宣国良：《价值网络的本质及其竞争优势》，《经济管理》2002 年第 24 期；李垣、刘益：《基于价值创造的价值网络管理（1）：特点与形成》，《管理工程学报》2001 年第 4 期。

服务主导逻辑提出服务提供者要整合自身及其他主体的资源，形成服务价值网络，共同为顾客创造价值。在该模式下任何可利用的资源都可以构成网络的一部分，同时认为这种网络成员间的关系具有临时性、短暂性等特征，它们可能随着服务目标的完成而解散。因此企业间的资源整合关系与传统企业管理理论所描述的关系有较大差异。具体表现为：前者可能以完成单次服务任务为目标，因此合作网络成员间的关系变动更为频繁，合作关系表现出"非正式"的特征；后者往往以企业的持续经营为目标，尽可能减少经营过程中的不确定性因素，因此合作关系更为稳定和长期。总体而言，笔者认为服务主导逻辑对企业间的资源整合或合作关系提出了更高的要求，虽然现有的服务主导逻辑及管理学理论对企业间资源整合的方式、工具等进行了系列研究，但对于如何根据企业间合作关系的临时性、短暂性特征有针对性地采取措施等缺乏研究，因此本研究将对服务主导逻辑下合作企业间资源整合的动力及实现机制等进行分析。

（五）服务主导逻辑顾客创造服务价值的观点

服务主导逻辑的假设 6 和假设 10 是关于顾客在服务价值创造过程中的作用（见表 2-1）。服务主导逻辑认为服务的提供是企业与消费者持续交互的过程，在该过程中，顾客始终参与价值的创造，如顾客须学习如何使用、保养、修理这些产品，因此他们始终是服务价值的共同创造者（假设 6）。针对顾客在服务价值创造过程中的作用，服务主导逻辑进一步提出，顾客是服务价值的决定者，认为（服务）价值总是唯一的、现象性地（受顾客之前经验的影响）被受益方决定（假设 10），因此企业应与顾客建立长期合作关系。①

强调顾客在服务价值创造过程中的作用，认为顾客是服务价值的决定者，该内容是服务主导逻辑与传统服务管理理论的重要差别之一。传

---

① Vargo S. L. , Lusch R. F. , "Evolving to A New Dominant Logic for Marketing," *Journal of Marketing* 68 （2004）. Vargo S. L. , "Toward A Transcending Conceptualization of Relationship: A Service - dominant Logic Perspective," *Journal of Business & Industrial Marketing* 24 （2009）.

统服务管理理论虽然也重视顾客的服务感知及评价，但这种感知和评价一般强调企业主导服务生产，顾客只能被动地对服务产品进行感知和评价，导致服务企业与顾客，以及服务的生产与消费相互脱离，最终影响服务的提供和消费。对服务主导逻辑提出的顾客参与服务价值的创造，有学者对这一观点进行了系列研究。例如，Kowalkowski 根据"服务互惠"的概念，提出企业在提供服务的过程中，顾客也会向企业提出价值建议。[①] Kasouf 等认为顾客的服务参与行为受风险这一因素的影响，认为顾客在消费服务的过程中如果面临较高的风险，会提高其服务参与的积极性，如美国军方采购攻击机，双方一般会建立长期的战略性合作关系，顾客会根据自身需求对产品提出使用价值建议等；而对于低风险的产品，如牙膏的生产，顾客参与程度会比较低等。[②]

服务主导逻辑虽然提出了顾客是服务价值的共同创造者，但没有彻底确立顾客在服务价值创造中的主导地位，即"始终是服务价值的共同创造者"未解决"该过程是顾客还是企业主导，即谁参与谁的服务价值创造"这一问题。之后 Heinonen 等提出了顾客主导逻辑，即强调顾客是服务价值创造的主导者，企业的作用是帮助顾客实现目标或确保其需求得到满足，此时企业服务管理的重点不再是分析公司提供什么样的商品或服务来满足顾客的需求，而是从顾客角度分析其消费服务的原因（拿我们的服务做什么），以及我们要如何帮助他们实现目标，进而提出：顾客并不是在真空的环境中消费服务，"顾客世界"中的其他活动、相关以及核心活动都影响他们的服务价值创造和感知等（见图 2-3）。[③]

除 Heinonen 等提出的顾客主导逻辑外，Grönroos 等也提出了要进一

---

① Kowalkowski C., "Dynamics of Value Propositions: Insights from Service – dominant Logic," *European Journal of Marketing* 45（2011）.

② Kasouf C. J., Darroch J., Hultman C. M., et al., "Service Dominant Logic: Implications at the Marketing/Entrepreneurship Interface," *Journal of Research in Marketing and Entrepreneurship* 10（2009）.

③ Heinonen K., Strandvik T., Mickelsson K. J., et al., "A Customer – dominant Logic of Service," *Journal of Service Management* 21（2010）. Mickelsson K. J., "Customer Activity in Service," *Journal of Service Management* 24（2013）.

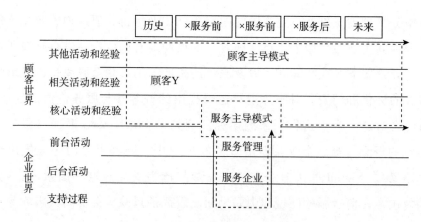

图 2 - 3　顾客主导逻辑的主要内容

步确定顾客在服务价值创造中的主导地位，并认为应明确与价值创造相关的一些基本概念，提出了价值的创造者只能是顾客，但可能存在共同创造平台（如企业与顾客在"前台"直接接触），此时服务企业能参与顾客的价值创造，最终形成了服务逻辑（服务逻辑是对服务主导逻辑相关概念的厘清，见表 2 - 3）。[①] 总体而言，笔者认为后期学者提出的顾客主导逻辑和服务逻辑进一步完善和明晰了顾客在服务价值创造及服务提供过程中的作用，其观点可用于顾客服务质量评价的研究等（见本书第七章）。后期学者均认同两类资源的划分，坚持有形产品是服务价值的一种依附方式等理论"硬核"，因此笔者认为顾客主导逻辑及服务逻辑仍可归为服务主导逻辑，属于服务主导逻辑的进一步发展。

表 2 - 3　服务逻辑与服务主导逻辑的差异

项目	服务逻辑	服务主导逻辑
价值（概念）	使用价值	在不同场合有不同的含义
价值产生过程	是一个所有行动者参与的过程，最终产生了顾客价值	是一个包括所有行动者的宽泛价值创造过程

① Grönroos C. , "Service Logic Revisited：Who Creates Value? and Who Co - creates?" *European Business Review* 20 （2008）. Grönroos C. , Gummerus J. , "The Service Revolution and Its Marketing Implications：Service Logic VS Service - dominant Logic," *Managing Service Quality* 24 （2014）.

项目	服务逻辑	服务主导逻辑
价值创造的核心	顾客对"使用价值"的创造	是包含一切的过程,包括服务提供者、顾客及其他行动者行为
价值在使用过程中:受情境的影响	基于价值的效用,其质量维度随着社会、物理及精神或其他情境要素改变而变化或发展	有时被情境中的价值这一概念取代,其意义与使用价值的不同形式有区别
价值(创造)端	3个完全不同价值端,提供者端,顾客端,联合端	一个价值创造端适用于所有的价值创造过程
交互作用	被明确界定为直接交互和间接交互两个不同的概念,与智力资源(包括人和智能系统)直接交互推动共同创造,与非智力资源属于间接交互	含蓄地通过基本假定而解释
共同创造	一个联合、直接交互作用的过程,多个行动者融合成一个合作的、对话的过程,形成一个共同创造的平台	所有行动者都参与的过程,而没有分析他们之间相关性
价值共同创造	不同行动者在共同创造平台所采取的行为,在该过程中行动者能直接并主动地影响其他行动者	在一个所有行动者参与、包含一切的价值创造过程中,行动创造价值,而不顾行动者及过程是如何相关的
价值创造的驱动者	顾客驱动价值创造并掌控价值	服务提供者驱动价值创造并掌控价值
价值共创过程中的角色细分	提供者能参与顾客价值创造,以及与顾客共同创造价值	顾客能参与企业的服务提供过程,参与价值创造
顾客在价值创造中的角色	顾客既创造同时也决定价值(使用价值)	顾客仅决定价值(使用价值)
服务提供者在价值创造中的角色	服务提供者组织资源,并把潜在的"使用价值"植入其中,以促进顾客价值的实现	服务提供者共同创造价值
顾客生态系统在价值创造中的角色	通过与社会生态系统中其他人员的交互作用,顾客可能社会化地共同创造价值	没有明确的讨论

三　服务主导逻辑对展览服务研究的推动作用

(一)国内外展览服务研究取得的成果

目前,学者对展览的研究可划分为宏观及微观两个角度,在宏观方面主要研究了展览活动的经济效应及对其他产业的带动情况、会展与旅游发展之间的关系、会展职业教育、会展业发展政策、会展活动的社会及综合影响等;[1] 微观层面的研究主要集中在参展主体的目标、感知及评价,参展主体的行为,展览企业的经营及管理,展馆建筑及各类展示空间等。[2]

目前,国内外旅游和展览领域研究人员对服务主导逻辑研究不多,仍处于理论引进阶段。[3] 目前学者在展览服务产品的构成、展览企业资源整合以及参展商和专业观众对展览服务质量评价等领域也取得了一些

---

[1] Kim S. S. , Chon, K. , "An Economic Impact Analysis of the Korean Exhibition Industry," *International Journal of Tourism Research* 11 (2009); 曾武佳:《现代会展与区域经济发展》,四川大学博士学位论文,2006;张玲、邬永强:《基于 CAS 理论的旅游产业集群动力机制研究——以广州会展旅游产业集群为例》,《经济地理》2013 年第 8 期;陶婷芳:《会展经济:上海新一轮发展的助推器——兼析上海会展业的现状和对策》,《财经研究》2003 年第 6 期;Cessac B. , Blanchard P. , Krueger T. , "Innovative Approaches to Event Management Education in Career Development: A Study of Student Experiences," *Journal of Hospitality, Leisure, Sport and Tourism Education* 7 (2008); 吴建华:《论会展理论教育与会展实践教育的关系》,《旅游科学》2008 年第 6 期;Dioko L. , Whitfield J. , "Price Competitiveness and Government Incentives for Simulating the Meetings Industry: A Critical Look At he Case of Macau," *International Journal of Event and Festival Management* 6 (2015); 徐瑛、杨开忠:《会展业发展中的政府职能》,《城市问题》2007 年第 1 期;Ahn Y. J. , Hyun S. S. , Kim I. , "City Residents' Perception of MICE City Brand Orientation and Their Brand Citizenship Behavior: A Case Study of Busan, South Korea," *Asia Pacific Journal of Tourism Research* 21 (2016); 罗秋菊:《东莞厚街镇会展业影响的社区感知研究》,《旅游学刊》2006 年第 3 期。

[2] Sarmento M. , Farhangmehr M. , Simões C. , "Participating in Business – to – business Trade Fairs: Does the Buying Function Matter?" *Journal of Convention & Event Tourism* 16 (2015); 罗秋菊、陈可耀、黄霞:《社区居民对会展业经济影响感知研究——以广州琶洲村村民为例》,《热带地理》2012 年第 2 期;Choi A. S. , "Implicit Prices for Longer Temporary Exhibitions in A Heritage Site and A Test of Preference Heterogeneity: A Segmentation – based Approach," *Tourism Management* 32 (2011); Jin X. , Weber K. , Bauer T. , "Dimensions and Perceptional Differences of Exhibition Destination Attractiveness: The Case of China," *Journal of Hospitality & Tourism Research* 37 (2013); Jin X. , Weber K. , Bauer T. , "Relationship Quality Between Exhibitors and Organizers: A Perspective From Mainland China's Exhibition Industry," *International Journal of Hospitality Management* 31 (2012); 刘秋芷:《会展标志权侵权表现与法律保护探析》,《广西民族大学学报》(哲学社会科学版) 2014 年第 4 期。

[3] Fitzpatrick M. , Davey J. , Muller L. , et al. , "Value – creating Assets in Tourism Management: Applying Marketing's Service – dominant Logic in the Hotel Industry," *Tourism Management* 36 (2013) .

成果。例如，关于展览服务产品的本质及构成，学者根据其功能，提出它是一个信息交流平台，即参展商参加展览的目的在于信息交流；[①] 戴光全借鉴营销学中整体产品概念，提出展览服务产品可以划分为核心产品（参展获得的利益）、实体产品（场地、展位等）和附加产品（即参加展会得到的引申收益，如休息、旅游）等。[②]

在展览企业内部资源整合方面，国内外学者对展览企业内部服务及外部合作管理等领域的研究已经取得了系列成果。例如，将展览企业内部服务管理归为技术及非技术两个框架。在技术框架方面，有学者采用一系列服务管理工具对展览服务过程进行分解，研究各主体、部门间的协作，蔡礼彬在 SSME 理念下绘制会展服务蓝图，分析了展览服务流程；[③] 应丽君提出了会展模块化"流程链"管理模式，通过界定不同的主体任务，实现人力、资金等方面的优化配置；[④] 刘大可提出可以根据项目工作分解结构（WBS）将会展项目分解成具体活动；[⑤] 此外，质量机能展开等理论（QFD）也被用于展览服务管理。[⑥] 在非技术框架方面，展会的团队管理模式也受到了学者的关注，Love 以美术馆展览为例，将展览项目的管理团队视为一个共同的学习组织，并采用评价式探究分析方法对展览的策划过程进行了分析；[⑦] 曾方芳等认为可以成立协

---

① 罗秋菊、保继刚：《参展商参展目的、绩效评估及其相关关系研究——以东莞展览会为例》，《旅游科学》2007 年第 5 期。

② 戴光全、张骁鸣：《从 TPC 谈会展产品和管理的属性》，《中国会展》2006 年第 7 期。

③ 蔡礼彬：《SSME 背景下的会展服务创新研究—— 以青岛 2014 世界园艺博览会为例》，《经济管理》2012 年第 10 期。

④ 应丽君：《模块化的会展"流程链"管理模式（OSL）》，《旅游学刊》2006 年第 10 期。

⑤ 刘大可、陈刚、王起静：《会展经济理论与实务》，首都经济贸易大学出版社，2006。

⑥ Chiou C. C., Perng C., Tseng T. F., "Applying Service Science in Systematic Innovation for the Convention and Exhibition Industry: The Case Of World Expo," *International Journal of Electronic Business Management* 10（2012）；解娇娇：《展览项目服务流程再造研究》，中国海洋大学硕士学位论文，2013。

⑦ Love A. R., *Inclusive Curatorial Practices: Facilitation Team Exhibition Planning in the Art Museum Using Evaluation Inquiry for learning in Organizations*（Tallahassee: Florida State University, 2013）.

调委员会解决不同主体之间的合作。① 与此同时，还有学者从行业教育角度提出通过提高管理人员沟通技巧改善内部资源管理效果等。② 在外部合作者资源整合方面，有学者提出了展览服务外包这一路径，对它的发展原因、作用、对服务质量的影响、发展趋势等进行了分析。③

国内外学者对参展商及专业观众的展会评价及参展决策等进行了系列研究。国外现有研究表明专业观众关注展览的参展商组织、参展展品和服务质量、会议或事件的组织情况、周边环境、馆内空间布局、现场符号及卫生、社交网络交流等；④ 参展商主要关注展会营销、展会设计、周边环境、服务个性化、展会管理以及服务信息等。⑤ 国内学者认为专业观众关注展会现场服务与管理、就餐与住宿环境、展会目的地引导服务、餐饮等配套服务、会场交通及通讯服务等，⑥ 认为参展商关注主办方、专业观众、同行参展商、举办地、举办时间、展馆硬件设施及服务、展会配套服务及会展后台服务等（如物品运输）。⑦ 学界对展览

---

① 曾方芳、张义、郑刚:《虚拟会展企业的组织结构及构建研究》,《科技进步与对策》2007年第 7 期。

② McCabe V. S. , "Developing and Sustaining A Quality Workforce: Lessons from the Convention and Exhibition Industry," *Journal of Convention & Event Tourism* 13 (2012) .

③ Borodako K. , Berbeka J. , Rudnicki M. , "External and Internal Factors Motivating Outsourcing of Business Services by Meeting – industry Companies: A Case Study in Krakow, Poland," *Journal of Convention & Event Tourism* 16 (2015); 张文建、华建平:《商务会展服务外包: 实现旅游产业发展方式的转变》,《社会科学》2008 年第 7 期。

④ Siu N. Y. M. , Wan P. Y. K. , Dong P. , "The Impact of the Servicescape on the Desire to Stay in Convention and Exhibition Centers: The Case of Macao," *International Journal of Hospitality Management* 31 (2012) . Chen Y. F. , Mo H. E. , "Attendees' Perspectives on the Service Quality of An Exhibition Organizer: A Case Study of A Tourism Exhibition," *Tourism Management Perspectives* 1 (2012) . Whitfielda J. , Webberb D. J. , "Which Exhibition Attributes Create Repeat Visitation?" *International Journal of Hospitality Management* 30 (2011) .

⑤ Lin C. T. , Lin C. W. , "Exhibitor Perspectives of Exhibition Service Quality," *Journal of Convention & Event Tourism* 14 (2013) .

⑥ 周杰、何会文:《会展专业观众的服务认知结构研究——兼论参展动因对服务认知的影响》,《旅游学刊》2011 年第 10 期。

⑦ 罗秋菊:《参展商参展决策研究—— 以东莞展览会为例》,《旅游学刊》2007 年第 5 期; 徐洁、苑炳慧、胡平:《参展商对展馆服务的满意度研究—— 以上海光大案例企业为例》,《旅游科学》2008 年第 6 期; 张涛:《会展服务满意度测评研究—— 以澳门国际贸易投资展览会为例》,《旅游论坛》2011 年第 1 期。

服务评价及展商参展决策等方面的分析对服务主导逻辑视角下参展商展览服务质量评价指标的选取具有启示意义，本书在第七章对其进行了重点分析。

（二）将服务主导逻辑运用于对展览服务的研究

对国内外现有与展览服务相关的研究进行分析，发现学界对展览企业资源整合、顾客展览服务评价等方面的研究基本是在传统服务管理理论的框架内进行，如对展览服务管理的研究划分为技术和非技术两个框架等。现有关于展览服务质量评价的研究基本是围绕参展商或专业观众的参展需求而归纳具体的评价指标，未能实现将展览服务与其他行业的服务纳入一个共同服务质量评价框架进行研究，阻碍了服务管理人员对服务产品本质及其提供过程的进一步理解。服务主导逻辑将资源划分为操作性资源和对象性资源，提出有形产品是服务价值的一种依附方式，所有经济都是服务经济。该视角以"活动"或"行为"为核心，认为服务产品具有无形性、生产与消费同时性等特征，与传统服务管理理论有较大差别，可进一步适应服务业与制造业融合发展的趋势。

笔者基于服务主导逻辑的资源分类观，分析操作性资源和对象性资源、操作性资源所包括的知识和技能在展览服务产品中的表现形式（见第四章）、展览企业如何整合内部及外部合作者的资源共同向参展商提供展览服务（见第五、第六章）。此外，笔者结合服务主导逻辑提出的顾客是服务价值的创造者等观点，构建了新的参展商展览服务质量评价模型（见第七章），同时还分析了服务资源在展览空间中的分布或反映等（见第七章）。以上内容对推动服务主导逻辑、服务管理、服务质量评价等理论，以及展览行业的发展等具有促进作用。

|第三章|

案例选择及研究设计

一 案例选择及简介

展览（是所有活动的总称，包括展览企业的展商组织、会议及配套服务等；本书中另一概念"展会"主要指展商组织、会议及论坛服务这两大核心部分）的举办为参展商和专业观众提供了交易、展示的机会，[①] 属于典型传统意义上的服务产品。本书研究人员在调研过程中了解到，案例企业认为专业观众是企业向参展商出售的"商品"，因此本书将专业观众视为一种服务"资源"，它是展览企业与外部合作者整合的资源类型之一。本书以 M 科技展[②]为研究对象，M 科技展由广东省经济总量排名前列的地级市 Y（以下简称 Y 市）与相关国家部委等共同举办，地方政府组织了区域内企业参与。[③] A 企业（以下简称案例企业）是一家由当地政府全额投资的企业，属于承办单位，负责展会的策划和运营等。本书通过 M 科技展及其承办单位来研究展览服务资源

[①] 罗秋菊、保继刚：《参展商参展目的、绩效评估及其相关关系研究——以东莞展览会为例》，《旅游科学》2007 年第 5 期；戴光全、张骁鸣：《从 TPC 谈会展产品和管理的属性》，《中国会展》2006 年第 7 期。

[②] 基于社会调查中的无伤害原则等。本书中案例展览、案例企业及被采访或录音对象均不属实名。

[③] 调研过程中了解到，随着国家要求政府相关部门逐步退出展览活动的要求政府部门在展览组织过程中的作用正逐步弱化，本书将政府相关部门也视为合作办展的外部单位或机构之一。

的分类、整合及展商服务质量评价等。案例展览及企业的选择主要是基于以下几个方面的考虑。

1. M 科技展中的案例企业不断创新服务产品

M 科技展已连续举办 10 余届，目前已发展成为中国代表性的科技类展览。在 M 科技展发展壮大的过程中，案例企业不断完善服务内容以满足展商和专业观众的需求，不断推出新的服务内容，对展览服务设备及设施进行改善。在持续创新和发展过程中，案例企业展览服务方式及服务工具等都表现出一定的变化，它们可以系统地反映展览服务提供所需要的资源，以及服务资源变化过程中所隐藏的规律等。

2. A 企业是一个典型的多部门共同为顾客提供服务的案例

根据资源获取的途径，企业资源大致可分为两种，即企业内部占有的资源和通过合作获取的跨组织资源。[①] 以展览企业为例，前者包括展览服务及管理人员、场地、展示设备设施等，它们一般分配在不同的部门，属于自有资源；后者包括媒体及行业协会等外部单位或机构拥有的宣传及专业观众资源等。本书将对案例企业如何整合内部各部门及外部合作者的资源进行研究。

本书所研究的案例企业是一个典型的多部门协作、共同为参展商提供服务的企业。为了更好地管理展会，案例企业将招展、观众组织、论坛及活动、宣传推广等业务独立成 4 个展会部门，同时案例企业是 M 科技展所在展馆的运营单位，因此公司还设有多个其他配套部门（如餐饮、安保部等）。为了顺利地组织好 M 科技展，4 个展会部门全年参与展会的运作及管理，其他配套部门在展期为 M 科技展提供餐饮、安保、广告服务等。

3. 案例企业与多个外部单位或机构合作，共同为参展商提供服务

M 科技展是由多个政府部门联合举办的，其展览组织模式及展区

---

① 王雎：《跨组织资源与企业合作：基于关系的视角》，《中国工业经济》2006 年第 4 期。

划分形成了自身的特点，如展览被划分为多个专业展以及国家、省市、高校高新技术展等（以下简称技术展）。这些展区分别由不同的单位或机构负责组织，如信息技术与产品展（以下简称 IT 展）、节能环保及新能源展由案例企业组织；电子展、光电显示触控等展区委托专业展览公司组织等。此外，展览活动的举办涉及专业观众组织、会期举办各类论坛及会议、组织媒体资源对参展商及其产品进行宣传等，因此案例企业与多个行业协会、媒体机构、园区机构等建立了合作关系（见图3-1），以整合它们的资源，共同向参展商提供服务等。

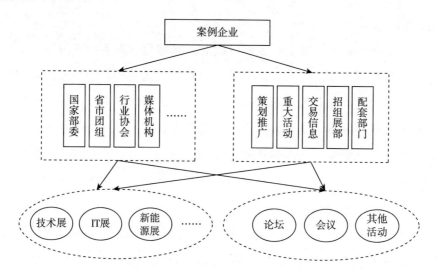

图3-1 案例企业内部组织结构及外部合作关系示意

企业间资源整合或合作是当代经济活动中最为显著的现象，特别是以资产专用性为基础的合作，如上下游企业合作所涉及的定制化的机械设备。在该模式下，由于一方依赖另一方，因此属于一种紧密型的资源整合。① 服务主导逻辑视角下企业间的合作关系具有临时性、短暂性等特征。笔者对案例企业进行调研后了解到：案例企业与其外部合作者之间的关系具有资产专用性低、合作关系不稳定等特征，具体表现

---

① 王雎：《跨组织资源与企业合作：基于关系的视角》，《中国工业经济》2006 年第 4 期。

为，各企业或个体脱离合作者仍可实现自己的目标，如媒体机构及采购机构等可通过其他途径获取新闻素材或产品信息（表3-1）。因此，它们之间属于"松散型"的合作关系，符合服务主导逻辑对合作主体间关系特征的描述。

表3-1　展览企业外部资源整合特征

序号	外部合作者资源整合	特征
1	整合行业协会会员资源，作为展览参展商或专业观众资源等	无专用资产，依赖程度低，协会会员不一定要以参展的方式获取交易机会或行业信息等
2	整合媒体机构资源，用于展会宣传或展商、展品宣传等	无专用资产，依赖程度低，媒体可对其他新闻进行报道
3	整合采购或投资机构需求，作为专业观众资源等	无专用资产，依赖程度低，合作企业可通过其他途径实现采购或投资目标
4	整合园区机构企业资源，作为商务考察接待企业或专业观众	无专用资产，依赖程度低，接待展商不是园区企业的主营业务，企业没有主动参展计划

二　市场调研及资料收集

为了收集本次研究所需要的数据及资料，本书的研究人员以实习生身份进入案例企业开展调研，连续参加了2014年3月到2015年1月、2015年10月到2015年12月和2016年3月到2016年12月三届M科技展的举办（后两次属于补充调研）。本书根据具体的研究问题，重点收集及分析了以下资料。

1. 展览服务资源构成及演变分析所需要的资料

案例企业为参展商提供了系列服务，包括展馆布置、现场信息交流服务等。为了更好地让参展商享受这些服务，案例企业为参展商编制、提供了《参展手册》，这些手册详细描述了展会服务内容及流程、可能用到的设备设施，同时规定了对顾客的服务及参与行为等。本研究主要以案例企业发布的2009~2016年，M科技展《参展手册》及案例企业提供的《CIS 用户手册》为分析对象，将这些文本资料分别标记成 A_1、A_2……A_7，累计 23 万余字；其中前 5 届 M 科技展《参展手册》及《CIS 用户手册》用于扎根理论译码分析，以分析案例企业展览服务提供过程中涉及的操作性资源和对象性资源，以及归纳案例企业两类资源的变化规律等。2016 年 M 科技展及其他展会的《参展手册》用于扎根理论的抽样检验等。连续多届的 M 科技展《参展手册》不仅从展览组织者（泛指所有展览企业，下同）角度描述了服务内容及过程，同时也可通过对历届《参展手册》的比较，反映出案例企业服务资源变化规律，因此符合本研究的要求。

2. 企业内部及外部合作者资源整合分析所需要的资料

对企业内部及外部合作者资源整合的分析，需要对案例企业服务提供过程进行深入的调研和了解，本书的研究人员以实习生的身份多次深入案例企业调研，希望通过对各部门相关工作人员进行访谈以获得相应的资料。在调研过程中，案例企业正在制定新的服务标准和流程等，聘请了第三方单位对各个部门进行深入访谈，并对访谈内容进行了全程录音（以下简称"部门访谈录音"），以了解各项业务在执行过程中涉及哪些环节，需要各个部门之间如何配合，出现的问题主要集中在哪些方面等。这些问题较好地揭示了部门间的资源整合过程、采取的措施及效果等，本书的研究人员主动参与了该项目，并将这些录音转变为文字资料，以分析案例企业内部资源整合规律。

案例企业外部合作者资源的整合涉及多个外部单位或机构，访谈内容更为广泛。案例企业在 2014 年 M 科技展结束后，组织召开了总结讨论会，各部门汇报了工作，外部合作者也通过公司内部与其对接的部门总结了双方资源整合过程中存在的问题及积累的经验等。本书的研究人员全程参与了这些会议，并对其录音（以下简称"总结讨论会录音"）。部门访谈录音和总结讨论会录音累计时长近 31 个小时，本书的研究人员将其整理成了近 24 万字（含备忘录）的文字资料。[1]

3. 参展商展览服务质量评价分析所需要的资料

每年参展的展商数量较多，展期参展商忙于与专业观众交流等，导致难以预约合适的时间对其进行深入访谈，因此本书采用问卷调查的方法，收集参展商的相关意见。调研过程中发现，案例企业为了解展览发展情况，每年都会对参展商的满意度进行调查，因此本书将预先设计好的问题选项放置于公司参展商满意度调研问卷中，以完成本次调研。2014 年 M 科技展在现场共向参展商随机发放了 1173 份调查问卷（含本书涉及的选项）。问卷采用李克特 5 分值量表计量，1 表示不认同，3 表示中立，5 表示认同。由于案例企业出具了调研介绍信，因此参展商配合程度较高。最终共收集到 1062 份问卷，其中有效问卷为 1030 份，占问卷发放量的 87.81%，本次问卷调研效果较为理想。

此外，本次研究还系统地收集了案例企业为推动 M 科技展发展而制定的各项专项发展规划（包括市场化、国际化和专业化等专题资料）、2014~2016 年 M 科技展的总体方案（简称《总体方案》）、M 科技展历年总结报告及各部门 2012~2015 年总结报告（以下简称"公司及部门总结报告"）和案例企业公布的参展商满意度调查报告等。本次研究对这些资料进行了差别性利用，其中专项发展规划、《总体方案》、满意度调查报告等在扎根理论分析过程中未直接使用，但本书的研究人员在调研过程中及之后的资料整理过程期间，深入阅读了这些资料，加深了对 M 科技展的理解。公司及部门总结报告由于从公司及部门层面描述了 M 科技展多年来的组织及发展情况，能较好地说明案例企业在内部及外部资源整合方面采取的措施，因此本书将其用于后期扎根理论译码结果检验等。

---

① 凯西·卡麦兹：《构建扎根理论：质性研究实践指南》，边国英、陈向明译，重庆大学出版社，2009。

三　资料、数据分析及研究设计

在资料、数据分析及处理方面，笔者根据研究的问题及所收集的材料，采取了定性和定量研究相结合的方法。由于服务主导逻辑在展览服务提供所涉及的资源分类及案例企业内、外部资源整合等方面存在不足或缺乏成熟的理论，而本书收集的材料也以质性材料为主，因此本书采用以扎根理论为主的定性研究方法对其进行了分析。

扎根理论的运用过程较为复杂，对研究人员也提出了较高的要求。为了确保正确运用该理论及分析结果的客观、准确性，笔者首先阅读了扎根理论的相关书籍，确定了分析步骤和框架。

扎根理论研究过程包括开放性译码、主轴译码、选择性译码及理论抽样、检验等过程。[1] 在开放性译码阶段，研究人员要查阅相关文献，在形成类属及类属关系之前，让这些资料处于闲置状态；[2] 在分析策略上要采用逐行或逐句译码的方式进行初始译码，确保分析结果紧贴数据。在聚焦译码阶段，经过对初始译码逐次及逐级比较后生成指向性、选择性及概念性更强的范畴。此外，笔者在开放性译码阶段利用了 NVivo 质性研究工具的节点分类及自动译码功能，[3] 补充初始译码结果等。主轴译码是通过典范模型把在开放性译码基础上获得的范畴及概念联系起来，以研究它们之间的关系，发展主范畴，为理论的形成提供基础。[4] 选择性译码是确定核心范畴、发展理论的阶段，如果主轴译码阶段所发展的主范畴不能很好地概括案例企业的内容，则需要借助将故事

① Anselm Strauss、Juliet Corbin：《质性研究概论》第一版，徐宗国译，台北，巨流图书公司，1997。
② 凯西·卡麦兹：《构建扎根理论：质性研究实践指南》，边国英、陈向明译，重庆大学出版社，2009。
③ 郭玉霞、刘世闵、王为国等：《质性研究资料分析：NVivo 8 活用宝典》，台北，高等教育文化事业有限公司，2009。
④ 罗秋菊、陈可耀：《基于扎根理论的民营会展企业成长路径研究——以广州光亚展览公司为例》，《旅游学刊》2011 年第 7 期。

线概念化的方式生成理论。[1] 笔者按照上述步骤和方法，运用扎根理论对本研究所收集的资料进行了分析，形成理论。

扎根理论的最后一步为抽样检验。扎根理论的抽样对象是事件（如不同的场合等）而非个人，属于理论抽样，即以经过证实与形成中的理论具有相关性概念为基础所做的抽样，其目的是发展和完善范畴及其面向范畴的维度（为了避免与本书第七章所描述的服务质量评价不同维度相混淆，本书仍采用"面向"[2] 这一概念），明确范畴间的关系及现象里的故事线。[3] 扎根理论的抽样可以利用不同类型的材料，同时也可以利用原来译码阶段所使用的资料进行抽样[4]。基于以上分析，本研究利用原译码阶段所使用的资料、补充案例企业及其他展会相关资料的方法进行抽样检验；对原译码阶段所使用的材料，利用 ROST CM 6 文本内容分析工具对其再次进行分析。

扎根理论和案例研究方法被视为两种独立、不同的质性研究方法，两者都可以在对各类文本资料进行分析、归纳的基础上形成理论。[5] 笔者对两种研究方法进行分析发现，案例研究方法对扎根理论的运用具有借鉴意义，扎根理论分析所形成的结论，需要说明其成立的条件;[6] 而案例研究可用一个典型案例来代表其所对应的类型，进而提高结论的可外推性。[7] 在案例研究方法中，案例典型性的分析可用于明确扎根理论分

---

[1] Anselm Strauss、Juliet Corbin：《质性研究概论》第一版，徐宗国译，台北，巨流图书公司，1997。

[2] Anselm Strauss、Juliet Corbin：《质性研究概论》第一版，徐宗国译，台北，巨流图书公司，1997。

[3] Anselm Strauss、Juliet Corbin：《质性研究概论》第一版，徐宗国译，台北，巨流图书公司，1997。

[4] 在初期研究人员往往会忽略或遗漏重要的事件或插曲，不知其含义，因此在以后发现有新的见解时，可以回到旧资料中，再次译码，完成抽样等。

[5] 丁鹏飞、迟考勋、孙大超：《管理创新研究中经典探索性研究方法的操作思路：案例研究与扎根理论研究》，《科技管理研究》2012 年第 17 期；罗伯特·K. 殷：《案例研究方法的应用》，周海涛、夏欢欢译，重庆大学出版社，2014。

[6] Anselm Strauss、Juliet Corbin：《质性研究概论》第一版，徐宗国译，台北，巨流图书公司，1997。

[7] 王宁：《代表性还是典型性？——个案的属性与个案研究方法的逻辑基础》，《社会学研究》2002 年第 5 期；王宁：《个案研究的代表性问题与抽样逻辑》，《甘肃社会科学》2007 年第 5 期。

析结果成立条件的界定与分析，而与案例企业相似度越高，越适应所归纳的理论；分析不同类型的案例，可检验分析结果的可外推性，即外部效度等。[1]

部分学者认为单个案例中有若干个小案例，可以增加结论的可靠程度。[2] 本研究借鉴该原则，在案例企业中归纳了若干个小事件，用于检验分析结果的内部效度。为了提高分析结果的信度，笔者将扎根理论各阶段译码结果提交给案例企业一名资深管理人员征求意见，确保不同人员译码结果的一致性。[3] 最终，本研究选择了一个典型的多部门、多外部合作者共同为参展商提供服务的案例，并对其进行了分析。

在参展商展览服务质量评价方面，本研究基于服务主导逻辑操作性资源和对象性资源的划分，以及顾客创造和决定服务价值的观点，构建了一个新的展览服务质量评价模型；之后利用所收集的调研数据，借助结构方程模型分析工具对所构建的模型进行了验证（见图 3 - 2）。

---

① 李平、曹仰锋：《案例研究方法：理论与范例——凯瑟琳·艾森哈特论文集》，北京大学出版社，2012。

② 毛基业、张霞：《案例研究方法的规范性及现状评估——中国企业管理案例论坛（2007）综述》，《管理世界》2008 年第 4 期。

③ 李平、曹仰锋：《案例研究方法：理论与范例——凯瑟琳·艾森哈特论文集》，北京大学出版社，2012。

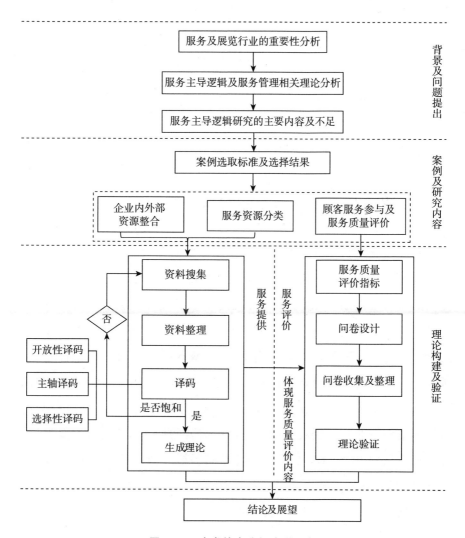

图 3 - 2 本书技术分析路线示意

| 第四章 |

展览服务资源分类及变化规律

一 高频词汇归类揭示展览服务所需资源

服务主导逻辑中资源可划分为操作性资源和对象性资源，操作性资源包括知识和技能。本研究对展览服务所需资源的分析借助了案例企业提供的《参展手册》，该手册详细描述了参展商在报名及现场接受服务的过程，以及案例企业在展览过程中的服务内容、服务方式及需要顾客配合、参与的行动等。笔者利用 ROST CM 6 文本内容分析软件对调研所收集的资料进行了分析，该软件具备将文本内容切割成词汇的功能，通过该软件对案例企业相关服务操作或提供过程描述性语句进行分析，可揭示案例企业在提供展览服务过程中需要的操作性资源和对象性资源等。笔者利用 ROST CM 6 软件对《参展手册》进行"一般性处理"和"分词"等步骤后，摘录了词频频率最高的前350个词汇（见表4-1），它们出现的频率在 35～1334 次之间。

表4-1 词频分析生成的词汇及归类结果

类型	词汇
利益主体类	单位、中心、参展商、人员、组团、企业、组委会、机构、团组、观众、投诉人、部门、承建商、联系人、高校、需求、中介、负责人、政府、有限公司、投资方、团体、领导、意向、展团

续表

类型	词汇
设施物品类	展位、展馆、证件、展品、材料、用电、高新技术、技术、物品、系统、手册、设施、车辆、地面、网站、成果、押金、通道、电力、表格、门票、开关、电源、垃圾、服务台、展台、科技、会刊、广告、地毯、电气、图纸、货车、申请表、供电、配电、文件、灯具、工作证、玻璃、地沟、复印件、电子、申报表、墙体、插座
服务操作类	施工、交易、布展、管理、服务、使用、办理、处理、搭建、办证、承建、消防、保护、联系、悬挂、设计、作业、办法、成交、展示、安排、审核、组织、配对、投资、安装、通知、保障、采用、清洁、发放、交通、装修、做好、提出、修改、接驳、配合、宣传、执行、邀请、保卫、说明、制作、免费、颁发、采取、牵头、给予、取消、装饰、配置、证明、确认、准备、发展、停止、运输、开展、租赁、分配、接待、清理、收取、更改、工程、放行、设置、费用、更换、清运、防火、保险、操作、统计、开具、举办、疏散、规划、固定、过程、主办、确定、批准、售票、加班
时空类	现场、展区、时间、期间、日前、中国、国家、Y、范围、主场、Y市（政府）、本届、高度、区域、面积、展期、平方米、距离、省市、分布、会议厅、海外、网上、位置、提前、出口、独立、会期、路线、地点、办公室、海关、墙面、每天、专区、线路、高层、下届、闭馆、室外、展厅、进馆、及时
规制类	规定、安全、不得、标准、必须、指定、产权、违规、知识、法律、禁止、评审、符合、手续、资格、有效、侵权、严禁、形式、按照、赔偿、方法、保证、统一、检查、数量、措施、配额、严格、有权、参数、正常、遵守、服从、合同、安检、控制、条件、备案、承担、程序、详见、损坏、负荷、不予、奖励、整改、奖项、私自、超出、名单、行为、原则、方可、为准、许可、处罚、重新、规范、组织奖、所属、指南、承重、损失、规格、隐患、方案、容量、破坏、截止、红线、参见、违反、审查
顾客参与类	参展、申请、申报、洽谈、提交、报名、创业、填写、入场、投诉、反馈、咨询、领取、考察、填报、合作、获奖、进场、参观、退还、创新、交流、完成、进出、查询、自行、销售、转让、自主、报送、点击、携带、参会、缴纳、接受
事件及服务项目类	M科技展、项目、会展、展会、展览、论坛、大会、成果展、业务、事宜、事项、事务、专业展、交易会、会议、交会、优秀、根据、任何、结构、其他、以上、功能、第十、各种、相应、各项、特殊、每个、市场、引起、实际、小于、案例、凭高、详细、重点、全部、一经、各类、高档

注：1. 由于"高新技术"及"科技"等代表的是相应的产品，因此归为"设施物品类"；2. 部分词汇可同时归为两种类型，如"检查"既可归为服务操作类，又可归为规制类；此外，部分词汇具有多层含义，如"项目"可指代展品或服务事项等，最终本书根据该词汇主要出现的语境确定其类型。

为了归纳及区分展览服务所需资源，笔者对词频分析结果进行了归类，这些词汇可归为七种类型，一是利益主体类，如"中心""参展商""组团"等。二是设施物品类，如"展位""展馆""展品"等。三是服务操作类（反映特定任务或环境，代表案例企业相关人员的服务实施等行为），如"施工""办理""处理"等。四是时空类，如"展区""时间""Y 市"等。五是规制类，如"不得""必须"等。六是顾客参与类（代表参展商的服务参与行为），如"申请""申报"。七是事件及服务项目类，其中事件指 M 科技展这一展览活动本身，如"M 科技展""会展"等；服务项目包括"项目""事宜""事项""事务"等词汇，其中"项目"一词出现的频次最多，在不排除指代"展品"的情况下达到 487 次，词频次数排在第 10 位，后三者累计出现 139 次，在所有的高频词汇中排第 65 位，该类词汇经常与特定的服务内容联系在一起，如"为方便您（参展商）了解本展会关于参展、布展、撤展、票证、论坛、评奖以及权益保护等事项"等，本研究将这些词汇指代的服务内容称为"服务项目"。除部分无意义的词汇外（一般为介词或形容词，如"根据""其他"等），七种类型包括了 92.86% 的前 49 个高频词汇，此归类结果较为理想。

通过对这些高频词汇的类型分析发现，服务主导逻辑中的对象性资源和操作性资源可通过"设施物品类"和"服务操作类"（对应为"技能"）得到体现。与此同时，研究还发现参展商在接受服务的过程中其行为受到一些因素的约束，如规章制度等，可通过"规定""不得""标准""必须"等高频词汇得到体现，该结果表明顾客在接受服务的过程中，不仅有"享受"服务的权利，同时也受到服务企业的约束。以高频词汇"必须"为例，研究人员在《参展手册》文档中检索该词汇出现的具体语境时看到，案例企业规定"（参展商）派发的各种资料的内容和文字，必须符合国家有关规定，参展商对派发的各种资料的真实性和合法性负全责"，笔者认为这表明企业对展商的参展行为存在约束的现象，有可能会影响他们的展览服务体验。

仅分析《参展手册》的资料可能会遗失重要信息，因此本研究在展览现场拍摄了展厅、会场、大厅等公共空间的照片并对其进行人工译码分析，可进一步补充《参展手册》高频词汇的内容。本研究在第十六至十八届 M 科技展现场共拍摄了 618 张照片，通过人工识别的方式对这些照片进行译码。由于服务现场涉及的设施、物品等要素较多，且同一照片不同的人员可能得出不一样的译码结果，如对于展馆建筑，它既可译码成不同的组成部分，也可统一译码为展馆，因此本研究照片译码的主要目的是将其译码结果归纳为不同类型，用于检验《参展手册》高频词汇归类结果是否合理。本书将所有照片分为两部分，在第十八届 M 科技展所拍摄的 112 张照片用于人工译码，生成展览现场包括的设施或物品等，其他照片用于检验译码归类结果。

在第十八届 M 科技展拍摄的 112 张照片译码结果显示展览现场场景所包括的内容可分为三种类型，即功能性要素、氛围营造要素、人员及活动（见表 4 - 2）。功能性要素以发挥设施或物品的使用功能为主，主要用于服务参展商或为展览服务者的服务操作提供便利或支持条件，如安检扫描仪、导流设施等；氛围营造要素主要用于烘托展览现场的气氛，从视觉、听觉及触觉等方面提高参展商的消费体验，如绿植、鲜花等；人员及活动反映展览组织者的现场服务，体现在组织各种活动方面，吸引大量人流。此外，笔者发现部分要素兼具多项功能，如电灯和标识系统，它们既具有照明或指示方向的使用功能，又具有营造展会氛围的效果，笔者询问了案例企业的工作人员，根据工作人员解答将其归入具体类别。

表 4 - 2 现场照片代表性设备、物品的归类结果

类 型	内 容
功能性要素	过道、展台、展品、展馆、会议室、桌子、幕墙、椅子、广场、隔离设施、安检扫描仪、入馆证件、空调设施、导流设施、售票处帐篷、宋体（中文正文）、微信支付码、现金收支设备、自动存储柜、银行柜员机、人像识别系统、观众名片、名片收集盒、沙发、咖啡区、标识系统
氛围营造要素	电灯、地毯、宣传海报、显示屏、投影仪、主席台、鲜花、配对洽谈、吊旗、背景板、绿植、标语、宣传片、音响、耳机
人员及活动	服务人员、客流、服务活动

笔者用其余的 506 张照片对展览现场场景内容归类结果进行了检验,发现它们所包括的要素都可以归为以上三个类型,说明归类结果较好。将照片译码内容归类结果与《参展手册》高频词汇归类结果进行比较,发现功能性要素、氛围营造要素均可归为设施物品类;而"人员及活动"类型中的"人员"可归为利益主体类,"活动"体现为展览现场组织的各种事件,可归为事件及服务项目类。展览现场照片译码结果及其归类,既丰富了各类型所包括的词汇,同时也说明《参展手册》高频词汇归类结果比较理想,笔者在后期对操作性资源所包括内容、操作性资源和对象性资源之间变换规律的分析时,可通过《参展手册》高频词汇及其归类结果进行。

二 "服务结构"知识是操作性资源中"知识"的一个类型

服务主导逻辑提出操作性资源可划分为知识和技能等,Purvis 进一步提出,知识具有可证实、能表达、可进行逻辑运算的特征,可以在不同成员间共享和交流;技能是个体对外界环境的一种"应对",表现为"知道如何操作"。[①] 对案例企业《参展手册》高频词汇及照片译码结果分析发现,属于操作性资源的"服务操作类"主要代表服务"技能"(操作性资源的一种),以"施工""布展""办理""搭建"等高频词汇为例,它们反映了展览服务人员在执行特定服务项目或完成特定任务过程中所需要的技能,符合服务技能是对外界环境(如设备或任务等)一种"应对"的描述。

对词频分析结果研究发现,"知识"这一概念弥散在整个服务提供过程中,如"规制类"词汇反映出服务人员意识到在服务过程中应对顾客的行动进行约束,否则可能会影响其他群体的利益等,如案例企业对各展商设置了严格的"噪音"规定,防止噪音过大影响其他展商参

---

① Purvis M. K. , Purvis M. A. , "Institutional Expertise in the Service – dominant Logic: Knowing How and Knowing What," *Journal of Marketing Management* 28 (2012) .

展等。这些内容可以用文字的方式进行记录和传播，因此具备 Purvis 提出"可证实、能表达、可进行逻辑运算"等特征。

如果将展览运营过程任何能够对展览服务造成影响，且具有可证实性及表达性等特征的概念都归为"知识"，将导致操作性资源中"知识"这一概念过于宽泛，最终使"知识"失去对服务结果（成功或失败）的解释力。因此，本研究重新回到了 Vargo 和 Lusch 提出的"知识"概念，他们提出"知识"（属于操作性资源）具有决定服务企业或产品竞争优势的作用。根据波特的竞争理论，对市场中"现有竞争者、客户、供应商、替代产品和潜在进入者"五个"竞争对手"，企业可通过成本领先战略、差异化战略、聚焦战略获得相应竞争优势。在这三大战略中，成本领先代表价格上的竞争优势，聚焦战略指企业集中资源对特定目标市场提供服务或产品，两者描述了如何利用既有技术优势或明确服务对象等；差异化战略是指企业生产在产业内具有独特性的东西，它体现为产品所包括的内容。[①] 近年来，出现的制造企业"服务增强"现象，其本质是丰富了原有产品构成，将其范围扩大到运输、安装等环节。

笔者基于以上内容，重新对高频词汇归类结果进行了分析，发现在"利益主体类""设施物品类""服务操作类""规制类""时空类""顾客参与类""事件及服务项目类"七类词汇中，"事件及服务项目类"词汇表明展览服务是由一系列较低层级的服务项目构成，如本文通过人工阅读《参展手册》的目录，发现案例企业将展览服务划分为展商组织、宣传推广、观众组织、活动组织（含论坛、酒会及会议等）和配套服务等内容（见图 4 - 1）；而对展商组织相关服务进行阅读发现，案例企业可根据不同的时间节点将其划分为多个服务环节等（见表 4 - 3）。

---

① 刘巨钦、曹澍：《对于波特竞争理论的反思与超越》，《价值工程》2014 年第 1 期；刘巨钦、陈应龙：《对波特竞争战略理论的理性反思及其启示》，《科研管理》2004 年第 5 期。

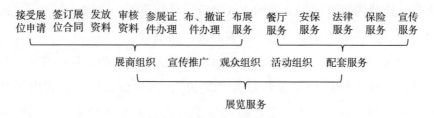

图 4-1 案例企业展览服务构成

表 4-3 案例企业展商参展流程、资料提交及时间节点

时间	相关工作	主要内容及要求
9 月 30 日前	申请展位	参展单位（个人）直接向（案例企业）提交参展申请表和申请资料
	签订展位合同	签订合同，缴纳展位费
7 月 1 日 - 9 月 30 日	领取参展手册	参展单位领取并熟读参展手册，准备展位装修、展品运输事宜
10 月 15 日前	反馈有关表格、资料	参展单位按"展商反馈资料和表格清单"的要求，填写"办证申请表"等并反馈至案例企业
10 月 15 日前	网上申请办证	参展单位登录 M 科技展网站"证件办理"栏目进行远程申请
10 月 20 日前	有意申报 M 科技展奖项的展商提交申报资料	请填写奖项申报表，并附相关资料，按规定时间申报
11 月 10~14 日 8：30~17：30	办理布、撤展证	施工单位持相关资料到现场服务台办理
	入场布展	参展单位凭布展证进场布展，严格遵照布展有关规定施工，并做好本展区的消防安全工作；期间，将现场发放参展商证等资料
11 月 15 日 8：30~14：00	参展商布展	凭 M 科技展组委会颁发的有效证件（如参展商证、工作证等证件）入场
11 月 15 日 14：00 后	封馆安检	

资料来源：案例企业《参展手册》。

本研究将服务产品由哪些服务项目构成、服务项目之间的关系（如服务项目在时间上的先后关系等），以及服务项目通过什么样的方式实现或被提供统称为"服务产品结构"。笔者基于服务主导逻辑对操作性资源中"知识"这一概念的界定，同时参考现有企业竞争相关理论，认为产品内容反映出来的产品独特性可以影响该产品在市场上的竞争力，提出服务提供者对"服务产品结构"的掌握是一种重要的服务"知识"，将其命名为"服务结构"知识，它对服务企业及其产品竞争力的形成具有重要作用。

三　服务改进过程中操作性资源和对象性资源变化规律分析

（一）基于高频词汇归类结果进行开放性译码

服务提供需要操作性和对象性两类资源。[①] 随着科技的发展，对象性资源包括的服务设备、设施等一直在发生变化，表现为新的、先进设施会代替落后的设备等，而这些设施或设备的变化又可能带来服务人员操作方式的改变，笔者对操作性资源（主要指服务"技能"）与对象性资源之间的关系进行了分析，归纳出两者之间的变化规律。本研究通过扎根理论对历届 M 科技展的《参展手册》等文本资料进行分析，认为案例企业历届展览举办过程中服务项目及服务方式的变化可揭示服务资源的变化规律等。

扎根理论可通过开放性译码、主轴译码等过程形成概念、范畴，同时发展范畴的不同面向等。本书前文已通过词频分析得出了系列高频词汇，且这些高频词汇可以归为不同的类型。本研究的研究人员对词汇类型及高频词汇之间的关系进行分析，同时在《参展手册》文本资料中查询这些高频词汇出现的具体情境，发现它们与扎根理论中的范畴、概念之间的关系具有相似性，如对"设施物品类"包括的词汇进行分析，发现它们可以按设备或物品的使用方式（是否因展览的举办而存在，是否属于易耗品）划分为固定设施类，主要包括展馆配套的设备设施；展览消耗品，举办展览活动需要被消耗的物品；展期设备，即展览活动

---

① Vargo S. L. , Lusch R. F. , "Evolving to A New Dominant Logic for Marketing," *Journal of Marketing* 68 （2004）.

举办期间所使用的设施或物品，可重复使用；办公设施及物资，即展览服务人员后台所使用的设备及物资等。在这些词汇中，"设施物品类"具备范畴的性质，而划分出来的 4 个亚层次类型，体现了该范畴的 4 个面向，具备概念的特征。

笔者基于以上步骤，同时仔细阅读《参展手册》，对各词汇类型包括的高频词汇进行了分析及归类，将各词汇类型视为"范畴"，将其包括的词汇亚类型视为概念，可以较好地揭示该"范畴"的面向。最终本研究生成了 8 个范畴（将"时空类"词汇类型划分为两个不同的范畴）和 32 个概念（见表 4 - 4）。其中，"利益主体"表示展览组织者、合作者及参展商等各方根据自身的资源，互相创造价值（参展商为组织者带来利润）；"顾客行动"表示为了获得更好的服务效果，展商也参与企业的服务提供过程中；"行动约束"表示展览企业在提供服务的过程中，为减少参展商之间的相互影响，展览企业为此公布了一系列规章制度；"硬件设施"表示为了向展商提供服务，展览企业须借助系列设备或用品等；"服务项目"表示展览企业提供的服务产品可划分为多个、更低层级的服务环节；"时间约定"表示展商及展览企业在特定时间内接受或提供服务；"空间限制"表示展商及展览企业在特定空间内接受或提供服务；"服务操作"表示展览企业工作人员直接与顾客建立联系，对其提供"行为"或"活动"，按其服务对象，分为对人或对物的服务操作（见表 4 - 4）。

表 4 - 4 服务资源变化规律开放性译码

范畴	包括的概念	面向	代表性高频词汇
利益主体 a_{1-3}	参展商、观众、组织者、合作者	与展览活动利益相关的主体	参展商、观众、（会展）中心、（省市）团组
顾客行动 b_{1-6}	展前准备、展品展示、互动交流、布展及撤展、反馈信息、活动参与	展前、展期及展后行为	申报、销售、交流、进场、反馈、报名
行动约束 c_{1-4}	侵犯利益、事项核查、规章制度、违规惩罚	原因及措施	侵权、规定、违规、检查

续表

范畴	包括的概念	面向	代表性高频词汇
硬件设施 d_{1-4}	固定设施、展览消耗品、展期设备、办公设施及物资	是否固定存在及是否耐用	展馆、电气、服务台、表格等
服务项目 e_{1-5}	展商组织、宣传推广、活动组织、观众组织、配套服务	展商参展需求	展览、宣传、会议、论坛、观众、餐饮
时间约定 f_{1-4}	举办时间、申请日期、布展日期、撤展时间	展前、展期及展后	展期、提前
空间限制 g_{1-4}	展览空间、用餐及后勤空间、会议场地、外围空间	展商服务参与行为的类型	展厅、办公室、会议厅、Y 市
服务操作 h_{1-2}	服务接待、物品处理	对人或对物	通知、清洁

注：1. 对照片人工译码及归类结果进行分析发现，其内容均可归为相应范畴，如 "功能性要素" 中的展馆建筑及其附属设施等对应为范畴 "硬件设施" 中的 "固定设施"，其他内容多数可以归为 "展期设备"，少数物品，如 "食品" "宣传册" 等可归为 "展览消耗品"；而 "氛围营造要素" 多数可以归为 "展览消耗品"，部分可以重复使用的物品可以归为 "展期设备" 等；而 "人员和服务" 可分别归为范畴 "利益主体" 和范畴 "服务项目"，说明译码结果较理想；

2. 展览企业向参展商提供的服务，也可将参展商视为 "顾客"，将观众视为一种 "资源"，但由于观众也有自身的参展诉求，因此本研究也将其视为 "利益主体" 包含的类型之一，在 "资源" 整合过程中应考虑其需求。

　　笔者对这些范畴和概念的内容进行分析发现，它们已涉及展览服务的主体、客体及展览服务需要的各类资源等（如操作性资源中的知识和技能，以及对象性资源等），因此认为它们已能较好地概括案例企业提贡展览服务的过程，可以用于揭示案例企业操作性资源和对象性资源变化规律的分析，因此本书开始进行主轴译码及选择性译码等分析。

（二）服务受限是制约服务提供的中介条件

　　本研究利用主轴译码分析前文所归纳的各范畴之间的关系，为分析案例企业展览服务对象性资源与操作性资源之间的规律提供基础，主轴译码分析通过典范模型完成。典范模型包括条件、脉络、行动/互动策略等，其中现象属主范畴，条件、脉络、行动/互动策略等用于解释现象，可确认主范畴的性质。① 部分学者认为主轴译码过程中的典范模型会限制研究者对所研究世界的了解及认识形式，可能导致技术覆盖在数据上（如在开放性译码过程中，根据模型中的"条件""脉络"等概念进行译码）。② 笔者认为，典范模型有助于在范畴及概念间寻找隐藏的规律，有利于理论的生成；但在运用中要悬置模型的相关概念，避免模型对前期译码工作的影响。

笔者基于典范模型各组成部分之间的关系，同时对各范畴的含义及所包括的概念进行分析发现，"服务项目"可以较好地连接各个范畴（见图 4 - 2），适合做主范畴。此时主范畴和其他范畴、概念之间的关系如下，在展览服务提供过程中涉及多个"利益主体"，案例企业基于对各主体利益的分析，确定服务内容（如展商组织、观众组织、宣传推广、活动组织等）等。此外主轴译码结果显示，展览服务是在一些"中介条件"下提供，包括"时间约定"和"空间限制"等（见图 4 - 3）。通过阅读 M 科技展《参展手册》发现，为了提高服务效率，案例企业对展商接受服务的时间和地点做了明确规定，如"报名截止时间 9 月 30 日""请各参展单位于 9 月 15 日前（将参展资料）送交至（案例企业）各相关业务部门"。

而对于中介条件中的"行动约束"，本研究发现由于参展商在同一时间及空间内接受服务，可能导致参展商在追求自身权益的过程中损害了其他群体的利益，因此需要对参展商的行为进行限制，如案例企业为了保证展会的整体气氛，规定"布展期和开展期间展品只进不出，需出馆的物品，经 M 科技展现场负责人签字后才能放行"等。

以上分析揭示了案例企业服务提供过程中可能遇到困难，最终案例企业采取了系列创新措施，包括引进新的设施，如对第十一届和第十三

---

① Anselm Strauss、Juliet Corbin：《质性研究概论》第一版，徐宗国译，台北，巨流图书公司，1997。

② 凯西·卡麦兹：《构建扎根理论：质性研究实践指南》，边国英、陈向明译，重庆大学出版社，2009。

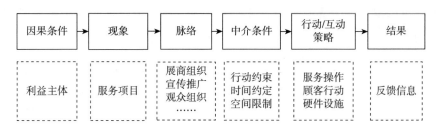

图 4 - 2　"服务项目"主范畴

注：服务项目范畴所包括的概念均属于"脉络"。

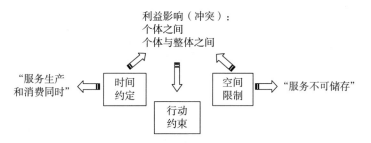

图 4 - 3　三类约束条件间的关系

届 M 科技展《参展手册》进行比较，发现案例企业引入了"M 科技展会刊申报系统"（简称"会刊系统"），可实现参展企业远程输入、传递企业报名信息等。第十七届 M 科技展《参展手册》显示，案例企业新开发了展会信息服务平台（简称"CIS 系统"）、手机 APP，提供展位二维码扫描功能等，实现参展商之间可以在线寻找专业观众并进行交流、馆内导航、即时查询展会活动及参展企业信息等；在展会期间企业的服务流程和方式也发生变化，如案例企业不再接收纸质报名信息（反映"服务操作"发生变化），顾客的参与程度也得到提高（对应"顾客行动"）等。

（三）突破限制是服务资源变化的方向

主轴译码生成了主范畴。选择性译码是明确事件或现象的故事线，用以确定核心范畴，揭示现象背后的规律；如果在主轴译码阶段所生成的主范畴能概括案例企业故事线，则该主范畴可作为核心范畴，否则只能通过将故事线概念化的方式生成核心范畴。[①] 笔者首先基于前文各阶段的译码结果及阅读《参展手册》等文本资料，形成了案例企业故事线，即案例企业在分析参展商需求和利益后（"利益主体"），发现其有交流信息或交易产品的需求，因此提供展览服务。但对参展商接受服务的过程进行分析后发现，他们的行为受到时空及行动等约束条件的限制（符合传统服务管理理论所描述的服务产品生产和消费同时性以及不可存储性等特征）。对此，案例企业采取了改进或引进新设施的方法来降低约束条件带来的影响，包括"会刊系统""CIS 系统"等。

以 CIS 系统为例，案例企业在 2014 年就提出了打造"网上展会"的想法，经过多次的内、外部调研及长时间开发，该系统在第十七届 M 科技展期间正式投入使用，案例企业为参展商提供了《CIS 用户手册》。本研究对该手册进行了分析，归纳其主要的服务创新内容，发现案例企业通过该系统可向参展商配发一定量的电子门票，展商自主填写所邀请人信息，生成、并向其顾客发送电子门票，完成邀请客户参展等工作。此外，展商可利用 CIS 系统在线查询其他展商或专业观众，进行互动交流。

在这些创新项目中，案例企业将门票制作"模板"和信息交流等服务"依附"在 CIS 系统中。服务企业根据参展商可能掌握的知识、技能及使用习惯（对应前期的内、外部意见收集），对设备的服务功能进行设计，并不断地进行完善，这一过程可视为"服务编码"过程。参展商通过独立"终端"自由地获取服务产品的价值，并借助案例企业提供的客户使用手册等的过程，属于对新设施所携带服务的"译码"。新设使参展商间的利益隔离（如在 CIS 系统中参展商可一对一宣传自身产品，降低"噪音"影响等），降低了参展商在时间、空间及行为等方面受到的限制（见图 4-4），有助于提高服务效果及参展商满意度等。

---

① Anselm Strauss、Juliet Corbin：《质性研究概论》第一版，徐宗国译，台北，巨流图书公司，1997。

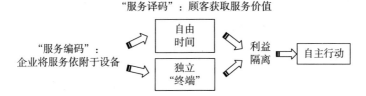

图 4 - 4 新设备在突破约束条件方面的作用

基于案例企业故事线的分析，笔者认为"服务提供"主范畴虽然可通过"中介条件""行动/互动策略"等较好地描述服务提供过程，但不能揭示案例企业如何通过服务资源的改变来降低参展商受到的服务约束。为此，笔者采取故事线概念化的方式[①]，将案例企业资源变化的规律归纳为"价值依附，顾客参与"这一核心范畴，即案例企业发现参展商服务受限，影响其服务效果后，通过将服务价值"依附"到新技术或产品中，减少参展商对服务人员"行为"或"活动"及"现场空间、时间"的依赖程度（如参展商网上自行生成和发送电子门票，自行搜寻专业观众信息等）。为使展会的服务价值得到释放，参展商须掌握新设备的使用，这使参展商的参与度得到提高，服务人员操作流程发生变化，最终使时间、空间等约束条件对顾客消费行为的限制程度降低，提高了服务效果。

（四）理论检验

在理论抽样检验阶段，可利用不同的资料和方法对前期开放性、主轴和选择性译码结果等进行了检验。本研究首先利用 ROST CM 6 软件对第十一、十三、十五至十七届 M 科技展《参展手册》进行了语义网络及情感分析，用于检验前期开放性及主轴译码结果等。

M 科技展《参展手册》语义网络分析结果显示（见图 4 - 5），"展位""参展""M 科技展"属于核心词汇；其中"展位"周边分布着"用电""标准""承建""搭建""材料""使用""安全""施工"

---

① Anselm Strauss、Juliet Corbin：《质性研究概论》第一版，徐宗国译，台北，巨流图书公司，1997。

"规定""申请"等词汇；"参展"周边分布着"提交""企业""物品""展区""手册""办理""申报"等词汇；"M科技展"周边分布着"组委会""本届""网站""项目"等词汇。对《参展手册》笔者对文本资料及扎根理论译码结果进行分析发现，在参展商对展位进行布置的过程中，涉及的内容有展台建设标准、材料使用、承建单位资质、施工时间约束及按规定佩戴证件；展商应按照"手册"中的要求，在参展过程须办理申报手续，对物品及展品进行管理；"M科技展"的功能是展示项目，且由"组委会"主办，参展商等通过网站与之建立联系或查询信息等，以上现象可以被开放性译码中"利益主体""顾客行动""服务项目""行动约束"等范畴及其相关概念解释。

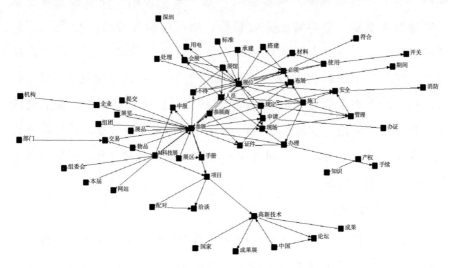

图 4-5 《参展手册》语义网络分析结果

情感分析结果分为积极和消极，案例企业在编制《参展手册》过程中较多地使用了规制性语句，导致积极情绪分析结果失真，其结果主要集中在展会主题和活动名称等方面，如"优秀组织奖、优秀产品奖、优秀展示奖的评审及奖励办法"，"M科技展坚持创新驱动"等。对此，本研究主要对消极情绪进行分析。案例企业为了确保展会的安全及防止参展商违规行为的发生，制定了一些规则和制度，多次使用"严禁"（68次）等词语，该结果可以在"行动约束"得到体现。笔者基于以上分析，认为扎根理论译码结果能较好地解释《参展手册》语义网络及情感分析结果，可以较好地概括《参展手册》的主要内容。

此外本研究还利用 2016 年 M 科技展《参展手册》及 2011 年和 2016 年广交会《参展手册》，对开放性及主轴译码结果进行了检验，未发现新的概念和范畴，说明译码结果较理想。为了检验选择性译码结果，对比了广交会多年的《参展手册》，归纳其服务创新项目，发现它们能较好地被核心范畴所解释。2011 年广交会使用了"参展易捷通系统"，可实现参展商在终端自主申请参展，登记展品信息等。此后，广交会还开发了手机端官方网站及官方微信，实现参展商在"移动"的情况下查询展会信息及办理参展证件等。"参展易捷通系统"及官方微信等"依附"了展览组织者提供的信息处理、存储服务以及信息发布服务，降低了参展商对展览服务人员"行为"或"活动"的依赖程度，同时使展商参与度得到提高，展商在接受服务过程中突破了时间、空间及行动的限制，服务质量也得到改善。以上分析结果说明，选择性译码结果能较好地解释广交会的服务创新，也说明扎根理论各阶段译码结果较理想。

四　本章小结

（一）小结

本章采用内容分析方法（借鉴 ROST CM 6 软件），基于案例企业展会的《参展手册》，分析了案例企业展商服务操作性资源和对象性资源所包括的内容，其分析结果表明在展览服务过程中的高频词汇可归为七种类型，即利益主体类、设施物品类、服务操作类、时空类、规制类、顾客参与类、事件及服务项目类，其中展览服务的对象性资源可通过"设施物品类"词汇得到体现，操作性资源中的服务技能可通过"服务操作类"词汇得到体现。对"事件及服务项目类"词汇进行分析，发现展览服务并不是一个完整、不可再分的产品，它是由多个亚层次服务项目构成。本研究基于服务主导逻辑提出的知识决定服务企业及其产品竞争力的观点,[①] 以及现有学者关于产品或企业竞争力来源的分析,提出服务人员对"服务产品结构"的理解或掌握可视为一种知识,属于操作性资源;该结论深化了服务主导逻辑资源分类理论。

此外,本章在词频分析结果的基础上,利用扎根理论分析了案例企业对展览服务的提供过程及在该过程中对象性资源及服务操作之间的变化规律,认为"时间约定""空间限制""行动约束"是影响展览企业服务提供的重要因素,而如何突破这些约束条件的限制,成为服务资源的变化的规律,最终得出"价值依附、顾客参与"这一核心范畴。该结论一方面证实了服务主导逻辑提出的有形产品是服务价值的一种依附或传递方式;另一方面也表明被"依附"或"传递"的价值要想被挖掘出来,需要顾客参与行为的支持,既"服务编码"要考虑顾客的"服务译码"能力等。在引入新设备、顾客服务参与程度提高的情况下,服务人员的操作流程也被简化,体现出服务"技能"的改变。

（二）讨论

展览服务资源分类以及操作性、对象性资源变化规律的分析结果对深化服务产品结构的认识、理解企业服务创新行为等具有一定的启示意义。

第一,服务主导逻辑基于对操作性资源和对象性资源的划分,将服务定义为各主体利用自身的资源优势为对方创造价值,提出所有的经济都是服务经济。本研究对案例企业提供展览服务所需要的资源进行分析发现,展览服务产品是由较低层级的服务项目构成,将服务提供者对服务产品结构（服务产品由哪些服务项目构成、项目之间的关系及服务项目的提供或实现方式）的掌握定义为"服务结构"知识,认为其属于一种操作性资源。"服务结构"知识所描述的服务项目对了应顾客需

---

① Vargo S. L., Lusch R. F., "Evolving to A New Dominant Logic for Marketing," *Journal of Marketing* 68 (2004). Vargo S. L., Lusch R. F., "Service Dominant Logic: Continuing the Evolution," *Journal of the Academy of Marketing Service* 36 (2008).

求，既代表了顾客核心利益，也代表了服务产品的核心部分。此外，基于对服务主导逻辑两类资源作用的描述及对案例企业两类资源变化规律的分析，笔者认为对象性资源属于服务价值的"依附"形式，处于服务产品的外围；而服务"技能"处于"知识"和对象性资源之间，它反映了服务操作人员须根据核心利益所"依附"的具体设备或设施相应地调整自身的服务操作流程（对象性资源及技能共同体现了服务项目的提供或实现形式），据此构建了服务主导逻辑下的服务产品结构模型（见图4-6）。

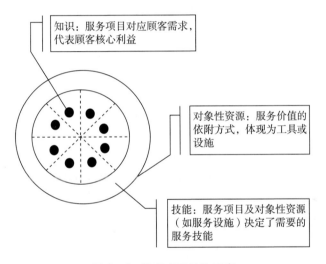

图4-6 服务产品结构示意

笔者认为，与科特勒的产品结构理论相比，在特定服务产品中，顾客的"核心利益"可以再细分，形成服务项目，服务项目的内容及相互之间的关系决定了服务产品的竞争力。此外，本研究所描述的对象性资源，即服务产品中的有形部分对应为传统产品结构理论的"基本产品"，它们对服务人员的操作流程及方式等有重要影响。服务主导逻辑认为所有经济都是服务经济，服务的提供须借助操作性资源和对象性资源，因此本研究提出的服务产品结构模型适用于所有产品（包括传统服务产品和有形产品）。

第二，时空限制及顾客行动约束是影响服务提供的约束条件，降低或突破它们的限制成为服务资源变化或服务创新的方向。在传统服务管理理论中，服务产品被认为具有生产和消费的同时性、不可储存性等特征，但服务主导逻辑基于两类资源的划分，同时将服务视为满足顾客需求的行动过程，提出服务的本质是为顾客创造价值，有形产品是服务价值的一种依附方式，所有经济都是服务经济，[①] 该视角改变了传统服务管理理论对服务产品特征的描述，可以为服务企业创新提供思路。笔者通过对案例企业服务创新过程进行分析发现，新技术的使用可以降低时空及行为等约束条件对顾客消费行为的限制，随着 CIS 系统的投入使用，展商与客户之间可以在线搜寻信息、在线交流，改变了展商与专业观众必须在展览现场进行信息交流的情况。此时，服务产品生产和消费同时性、不可储存性等的特征是个相对的概念，新技术的运用可以使服务价值依附在有形产品中，从而降低时空等条件对顾客消费行为的限制，为顾客带来更好的服务体验，可以成为服务创新的方向。

第三，笔者通过对案例企业服务创新过程进行分析发现，服务创新要以顾客的服务参与为基础，脱离顾客知识和技能范围的创新难以被顾客接受，可能会导致服务失败。案例企业通过"CIS 系统"打造了网上展会平台，实现了展商在线提交参展材料和提交各类申请等，可以实现展商与专业观众之间的在线交流。但这些服务功能的实现要以顾客掌握了相关系统的操作知识和技能为前提，对新系统使用界面的友好性有较高要求，因此服务资源的变化或服务创新要以顾客参与为基础，在顾客知识和技能所能接受的范围内使顾客参与程度得到提高，企业的服务效果和效率才能得到改善。

---

① Vargo S. L., Lusch R. F., "Evolving to A New Dominant Logic for Marketing," *Journal of Marketing* 68 (2004). Vargo S. L., Lusch R. F., "Service Dominant Logic: Continuing the Evolution," *Journal of the Academy of Marketing Service* 36 (2008).

第五章

展览企业内部资源整合分析

一 资料的收集与整理

2014 年 M 科技展在组织、策划过程中，案例企业为了系统总结各部门日常工作中的联系，聘请第三方单位深入各部门访谈，以了解公司部门在协作过程中存在的问题及矛盾等，为后期制定展览服务标准或流程提供参考。2014 年 M 科技展筹备期间，案例企业共组织、开展了 16 场部门或客户访谈，访谈对象包括招展部门、观众部门、活动部门、推广部门（本书根据各部门的主要业务对其名称重新进行了译码）4 个核心展会部门及多个配套部门，讨论内容包括展会招展情况、展会观众组织、论坛及活动接待情况、展会宣传等。本文将部门访谈录音转化成文字资料，分别标记为 B_1，B_2，…，B_{16}，参与部门访谈的人员及时间见表 5－1。

表 5－1 部门及客户访谈情况

访谈时间	访谈地点	访谈人物	访谈对象
2014 年 7 月 20～25 日	部门办公室	陈×	安保服务
	客户公司	陈×	参展商
	部门办公室	孙×	餐饮服务
	部门办公室	谭×	观众服务

续表

访谈时间	访谈地点	访谈人物	访谈对象
2014 年 7 月 20 日~25 日	客户公司	钟×	展会观众
	部门办公室	黄×	广告服务
	部门办公室	赵×	嘉宾服务
	部门办公室	于×	论坛及会议
	客户公司	杨×	媒体组织
	部门办公室	陈×	媒体服务
	部门办公室	张×	设备设施
	部门办公室	颜×	投诉处理
	部门办公室	何×	外国展区
	部门办公室	张×、李×	展馆运营
	部门办公室	江×	展览组织（专业展）
	部门办公室	林×等	展览组织 （国家成果展等）

　　此外，案例企业与多个外部单位或机构建立了合作关系，2014年 M 科技展结束后，案例企业组织招展部门、观众部门、活动部门、推广部门等核心部门召开总结讨论会，各部门对自身全年的工作进行了总结，并汇报了本届展览与外部单位或机构的合作情况。此外，招展部门和观众部门与多个外部合作者业务联系紧密，在会上他们转达了外部合作者的意见和诉求。本届总结讨论会有 40 余名员工参加，会议采取专题讨论的方式，先由相关部门高级经理或负责特定业务的经理做专题报告，部门领导做本部门工作总结，其他员工参与讨论。总结讨论会分别从展区专业化、观众组织、活动组织、宣传推广、国际化发展 5 个方面进行了讨论，累计近 13 个小时，全程有录音（总结讨论会参与人员见表 5 - 2，会议召开的时间、地点见表 5 - 3）。本文将 5 个专题讨论会的录音转化为文字记录，分别标记为 C_1，C_2，…，C_5。

表 5 - 2　参与总结讨论会人员信息

序号	部门	姓名	职位	序号	部门	姓名	职位
1	公司分管领导	李×	副总经理	23	观众部门	陈×	经理或主管
2	办公室	崔×	副部长	24	推广部门	钱×	部长
3		张×	高级经理	25		凌×	副部长
4		赵×	经理	26		陈×	高级经理
5	招展部门	林×	部长	27		赵×	高级经理
6		朱×	副部长	28		李×	经理或主管
7		林×	高级经理	29		黄×	经理或主管
8		沈×	高级经理	30		占×	经理或主管
9		孔×	经理或主管	31		叶×	经理或主管
10		仪×	经理或主管	32		成×	经理或主管
11		张×	经理或主管	33		刘×	经理或主管
12		廖×	经理或主管	34		李×	经理或主管
13	观众部门	张×	部长	35		张×	经理或主管
14		张×	副部长	36	活动部门	王×	部长
15		江×	高级经理	37		严×	副部长
16		谈×	高级经理	38		于×	高级经理
17		董×	经理或主管	39		彭×	高级经理
18		赵×	经理或主管	40		谢×	经理或主管
19		许×	经理或主管	41		施×	经理或主管
20		姚×	经理或主管	42		何×	经理或主管
21		吴×	经理或主管	43		刘×	经理或主管
22		钟×	经理或主管	44		王×	经理或主管

表 5 - 3　总结讨论会主题及时间、地点

时间	地点	总结讨论会主题	主持人员
2014 年 12 月 25 日至 2015 年 1 月 6 日	公司会议室	观众组织专题	公司分管领导
	公司会议室	展区专业化专题	公司分管领导
	公司会议室	国际化发展专题	公司分管领导
	公司会议室	活动组织专题	公司分管领导
	公司会议室	宣传推广专题	公司分管领导

本研究对部门访谈及总结讨论会的录音文本资料进行了整理、分析,

发现这些资料系统地归纳了案例企业在举办 2014 年 M 科技展中涉及的跨部门合作事项，以及案例企业如何调动外部合作者的资源共同为参展商提供服务等。最终本书以这些录音文本资料为基础，利用扎根理论对其进行了系统分析，总结了案例企业内部与外部资源整合过程中遇到的问题及采取的措施，最终归纳出案例企业在内、外部资源整合中的规律等。

二 企业内部资源整合通过部门协作实现

（一）开放性译码生成的三类范畴

对部门访谈及总结讨论会的录音文本资料进行开放性译码，本书共生成 104 个概念；通过对这 104 个概念进行比较、归纳，最终形成了 17 个范畴（见表 5-4）。本书研究案例企业整合内、外部资源共同为参展商提供服务，因此本书将相关利益主体划分为三个类型，即服务企业（含内部部门及员工）、外部合作者和参展商。根据上述范畴涉及的利益主体，本书将其分为三类，即内部管理、合作单位介入和展商行动。它们描述了案例企业如何协调公司内部各部门及外部合作者资源参与 2014 年 M 科技展的举办，同时也反映了展览服务提供过程中参展商的服务参与情况等。本书将根据归类结果，依次分析范畴的内涵、面向及所包括的概念等，与此同时将相关范畴进行主轴译码、选择性译码等，分别归纳出案例企业内、外部资源整合规律。

表 5-4 案例企业资源整合开放性译码结果

归类	范畴	概念	面向
内部管理	部门分工	招展部门、观众部门、推广部门、活动部门、配套部门（$a_1 \sim a_5$）	展览服务项目
	工作细分	设置主题、规划展区、开拓新展、特色板块、展商接待、建立信息库、开拓渠道、分类管理、调整地域、观众接待、会议组织、论坛组织、展厅活动、媒体分类及管理、展会宣传、餐饮服务、安保检查、投诉受理、设施提供及其他（$b_1 \sim b_{19}$）	展览服务项目
	分配责任	独立运作、部门间卸责、项目责任制（$c_1 \sim c_3$）	部门内及部门间
	权力有限	无权指挥、无权激励、经费有限、人员有限、无执法权、无权筛选、定价权有限（$d_1 \sim d_7$）	部门内及部门间

续表

归类	范畴	概念	面向
内部管理	部门沟通	资源分享、业绩共享、部门会议、工作交流（$e_1 \sim e_4$）	正式及非正式
	上级决策	激励和监督、接待嘉宾、领导策划、审批事项（$f_1 \sim f_4$）	公司层面及各部门
	制定机制	安全制度、计划或预案、分配规则、公司体制、行为规范、部门操作流程（$g_1 \sim g_6$）	公司层面及各部门
	实施考核	收入考核、考核展商管理、考核观众组织（$h_1 \sim h_3$）	部门业务性质
	协调困境	观众影响招展、宣传影响招展、反馈不及时、执法负影响、优先满足会议、审核影响实效、上下级矛盾（$i_1 \sim i_7$）	部门间及上下级
合作单位介入	市场研究	分析现状、研究政策、调研展会、收集意见（$j_1 \sim j_4$）	企业内外部环境
	网络渗透	媒体机构、行业协会、投资或采购机构、园区机构、政府部门、外聘单位（$k_1 \sim k_6$）	展览服务项目
	外部协作	服务外包、协助邀请观众、协助招展、协助推广、活动协助（$l_1 \sim l_5$）	展览服务项目
	合作管理	制订计划、区别对待、改变组展模式、考核合作、成立组委会、市领导协调、合作展区独立（$m_1 \sim m_7$）	企业独立管理及合作者介入
	价值创造	会议带来观众、商务合作、信息发布、主题路线、采购洽谈、融资洽谈、撰写新闻稿、展商广告、展商互动、展商配票（$n_1 \sim n_{10}$）	展览服务项目
	合作冲突	价格矛盾、主题竞争、专业性降低（$o_1 \sim o_3$）	利益受损及成本增加
	新技术运用	云呼叫中心、邮件推广、自媒体建设、常证管理、电子公文系统、CIS 系统（$p_1 \sim p_6$）	技术改善及技术创新
展商行动	顾客参与	展商申报、展商办会、邀请观众、信息交流、反馈效果（$q_1 \sim q_5$）	展前、展中及展后三个阶段

此外，本书运用了 NVivo 质性研究工具。NVivo 软件中的节点可对应为概念，而高一级的节点可视为范畴。本书首先根据录音文本资料人工译码结果在 NVivo 软件中建立范畴和概念，再利用 NVivo 软件的自动译码功能，通过查询各概念中的关键字（如针对概念"设置主题"，查询"主题"一词），对与概念含义相近的查询结果进行译码，最终扩充了译码参考点数量。

（二）部门成为容纳服务资源的"容器"

1. 案例企业成立不同的部门，负责具体的任务项目

在开放性译码生成的概念和范畴中，内部管理类共包括 9 个范畴，其中"部门分工"是指案例企业内部设立了不同部门，并提供不同的展览服务项目等，此时的展览服务项目成为该范畴的"面向"。在调研的过程中了解到，公司高层根据展览行业的特点，对 M 科技展的服务项目做了清晰的划分和归纳。

公司领导发言（总结讨论会）：我们 M 科技展的核心元素是展商、观众、活动、媒体，这四个方面的相互促进、相互融合在 2014 年 M 科技展进一步得到加强，在认识上大家形成共识。展商之所以来，在于能去发动观众，是我们组织活动和宣传推广的结果。活动要进一步提升 M 科技展形象，同时提高展商、专业观众的附加值。媒体宣传能够让更多的展商和观众得到 M 科技展信息，同时增加展商和合作方参加 M 科技展的附加价值。在组织方面，这些工作分散在不同部门，如招展在招组展部和交易信息部，宣传在策划，活动在重活部，观众在交易部，在工作中我们各部门彼此交流得多了。我们做活动，是为了在招展过程中更好地为展商服务和提高他们参展的价值，提高展商积极性。在 4 个核心元素相互促进方面，2014 年做得更加深入，但也有不足的地方。

以上内容表明，公司领导将案例企业提供的展览服务划分为展商、观众、活动、媒体 4 个核心元素，对应了前文范畴"服务项目"所包括的展商组织、观众组织、活动组织和宣传推广 4 个概念（见第四章表4－4），该观点再次表明了服务产品不是一个完整、不可再分的整体，它是由更低一层级的服务项目构成。对录音文本资料进行分析，发现案例企业在公司内部成立了 4 个相应的展览服务部门，包括招展部门、观众部门、推广部门和活动部门，而案例企业是 M 科技展所在展馆的运营方，因此公司内部设有安全保卫、设备设施、餐饮等部门，这为 M 科技展提供了"配套服务"（属于服务项目的组成部分之一），本书将这些部门统一称为"配套部门"。

NVivo 软件提供了节点分类功能，可以将特定行为主体（如人物或企业等）或地名等列为案例节点，以容纳与该主体或地点相关联的所有概念，其内容可与其他节点重复。本书将案例企业的部门划分为 5 个，因此建立了 5 个案例节点，在对各概念进行正常译码的过程中，根据它们对应的行动主体，同时将其列入相应的案例节点。

2. 案例企业基于不同的服务项目进行工作细分

"工作细分"是指案例企业将向参展商提供的展览服务产品划分为不同的业务，它所包括的概念代表了案例企业为参展商提供完整的信息交流服务而采取的措施。对录音文本资料进行开放性译码分析，发现该范畴包括 19 个概念。对这些概念进行分析，又发现它们可归为本书第四章扎根理论开放性译码及基于案例企业公司领导发言所归纳形成的 5 个服务项目，即展商组织、观众组织、活动组织、宣传推广和配套服务，对应了范畴"工作细分"的 5 个面向。

在范畴"工作细分"所包括的 19 个概念中，展商组织这一面向涉及 5 个概念（各概念的内涵及在录音文本资料中参考点的数量见表 5-5，各概念相对应的代表性译码参考点见图 5-1，下同），它们分别指向了展览策划、现场组织和人员接待 3 个方面的内容。一是案例企业意识到 M 科技展是一个综合性展会，因此通过"设置主题"来提高展会的专业性。二是随着经济和技术的发展，行业发展情况也会发生变化，这就要求招展部门不断"开拓新展"。三是招展部门在展会现场"规划展区"，将同类参展商集中进行展示，以便于观众识别等。四是招展部门在展区内部，根据当年行业的热点主题在有特色的参展企业集中，成立"特色板块"，以更好地吸引观众或宣传展区等。五是招展部门做好"展商接待"工作，为参展商提供面对面的服务等。

表 5-5　范畴"工作细分"中展商组织涉及的概念

序号	概念	概念内涵	参考点数量
1	设置主题	为提高展会的吸引力，便于展会招揽特定的展商和专业观众，案例企业在 M 科技展成立了多个子品牌展	20

续表

序号	概念	概念内涵	参考点数量
2	规划展区	为了便于观众参观并与展商进行信息交流，案例企业使不同主题的展商集中在特定区域，如设立特定的展区	73
3	开拓新展	行业或国家政策的变化，会使热门展会主题在一段时间内可能发生变化，案例企业要不断地开发、培育新的主题展区	6
4	特色板块	案例企业在单个展区内，设置有特色的展览板块	12
5	展商接待	对参展商提供报名及现场接待等系列服务，直接与参展商建立联系	9

展商组织

设置主题
今年我们打造的智能穿戴、绿色建筑、移动游戏和智慧城市专业展区方便了客户，对我们发动观众，为媒体的宣传提供了亮点，吸引了观众的眼球，专业化是我们的一个重要举措

智能穿戴，设置主题专区，在全市动员大会上，市长对我们建立这个展区给予了高度赞扬。事实证明今年我们设立主题展区，招展方面是成功的

规划展区
专业观众反馈 M 科技展除 1、2 号馆的专业性强外，觉得其他展馆专业性不强⋯⋯

今年我们首次承接了 6 号馆（智慧城市专馆）的服务管理工作，是国家××部门和××企业共同承办⋯⋯

开拓新展
在第 15 届的时候，当时有个展区搞移动互联，规模不大，2014 年我们做了智能穿戴，在节能环保里做了绿色建筑展区，在科技展做了制造展区，第 16 届 M 科技展搞了移动游戏

在省市展区参展情况不明的情况下，通过自招或者与 Y 市机械协会合作，扩大先进制造展区的想法⋯⋯

特色板块
绿色之家是特色板块，已参展的 30 家企业围绕节水、环境保护等绿色建材理念和技术，集中了 30 多项绿色建筑产品

我们在绿色建筑主题展区做了独立的展商区域，在 VI 的基础上，进入 1 号馆就能找到与绿色主题展区相关的形式，加立柱，加标识，加吊旗，把整个绿色建筑主题展区包装起来，使整个展区浑然一体

展商接待
我们首先听他的口音，因为这个东西都有卖的，第一个先听，还有看他的产品，有时候我们就看工商局的网站，审核看他这个企业的情况

展商报名参展要填写固定格式的表，是我们参展手册 2 里面所有的表格，我们这个手册 2 是专门发给参展商的，填写后需要交给我们

图 5 - 1　范畴"工作细分"中展商组织涉及概念代表性的译码参考点

注：1. 基于社会调查中的无伤害原则，在保持发言人原语义的情况下，本书对部分原采访语句进行了适当调整；此外本书将自动译码查询范围设定为该词语周围的 **25** 个

字，对于语义不全的语句本书通过人工再次搜索原文档的方式进行补充。

2. 同一语句的不同部分可能归为不同的概念，因此 NVivo 中允许对同一个参考译码点重复译码，其可对应不同的概念；此外，本书对超过 **2** 个译码参考的概念，一般只选取 **2** 个。

3. 内部管理类范畴中部分概念对应的译码参考点虽然涉及外部单位或机构，但反映的是公司业务或服务内容，企业内部各部门拥有的操作性、对象性资源以及部门开展各项业务需要的权力等（如案例企业规划展区和招展部门招揽展商需要的定价权等），可用于企业内部资源整合现象的分析，因此本书在 NVivo 搜寻结果中将这些内容也列为相关概念的译码参考点。

在"工作细分"范畴中，观众组织这一面向包括 5 个概念（见表 5－6 和图 5－2），涉及展览筹备期积累观众的数据、展期或展后接待观众两个方面。一是在展会发展过程中，案例企业观众部门积极积累专业观众资源，表现为"建立（观众）信息库"。二是为了更好地组织和吸引观众前来参展，案例企业对观众进行了"分类管理"。三是 M 科技展是一个综合性的展会，不同展区所需的专业观众有差异，因此观众部门积极"开拓（观众组织）渠道"。四是 M 科技展定位为国际性展会，因此积极"调整地域"结构，以组织更多的境外及省外专业观众参观等。五是观众部门为专业观众提供接待服务，如提供回访、观众注册登记等服务。

表 5－6　范畴"工作细分"中观众组织涉及的概念

序号	概念	概念内涵	参考点数量
1	建立信息库	案例企业将过往参展商和专业观众数据信息保存，以便对他们进行回访或再次邀请	15
2	开拓渠道	为了更快、范围更广、更有效率地邀请到目标展商和专业观众，案例企业要建立多个渠道与相关人员和部门进行接触	8
3	分类管理	案例企业将参展商及专业观众进行分类，对不同类型的客户采取不同的邀请方式或优惠政策等	14
4	调整地域	案例企业提出要扩大展会影响力，要做国际性的展览，这就要求专业观众及展商的来源地多元化	11
5	观众接待	组织专业观众进入展馆，与参展商进行信息交流，展览企业服务人员要与观众建立联系	7

工作细分

建立信息库
有效观众数据信息出现大幅上涨，与新推出电子票并在展商、商协会及会议活动进行，带动领票观众增加

我们一直致力于观众数据库的打造，不同的展商需要的不一样，我们尽可能做到的就是增加展商和观众接触的机会

开拓渠道
深入拓展邀请渠道，今年我们对以往的邀请渠道进行了拓展，刚介绍的香港地区合作邀请

洽谈这一块我们会寻找一个合作单位。去年是慧聪，前年是其他的单位，他们手上有买家资源，我们会邀请他们的采购商来现场

分类管理
持票观众包括预登记观众、电子票观众、微信观众、国外 VIP、海外预登记及团体观众、现场售票观众和其他赠票

其他赠票主要除了特邀嘉宾以外，还有一部分嘉宾、贵宾也属于观众范畴

调整地域
专业观众地域结构变化大，×总曾要求深圳观众占比太大，当时深圳占 93%，广东其他地区占 4%～5%

我们这两年着力于调整地域结构，包括邀请措施，目前国内其他地区的观众已经接近 20%。Y 市占比不到 70%，今年 63%；广东 18.7%

深圳的比例下降了 7 个百分点……但整体上深圳、广东的特色还比较显著，展商来自珠三角，观众来自深圳，我们的渠道建设主要集中在深圳，合作商（2、3、6 号馆）也在深圳，与世界一流展会有差距

观众接待
展前邀请工作要有一个登记，除了登记，还有在线交流的平台，像企业 QQ，在线交流平台包括填报资料的咨询、电视广告等

展会结束后的工作包括先感谢他们来参观，然后希望他们继续参加下一届，也希望他们能提供建议和意见

图 5-2　范畴"工作细分"中观众组织涉及概念代表性的译码参考点

参展商和专业观众可通过在展览现场参加会议及论坛等活动获取行业信息，增强彼此间的了解等。[1] 在调查过程中了解到，案例企业提出论坛、会议等活动带来的观众属于展览潜在的专业观众，因此希望借助举办各类活动来带动专业观众参展。录音文本资料分析结果表明，案例企业组织了多场不同类型的论坛及会议等。根据这些活动举办的形式、场地要求等，可以划分为三个类型（见表 5-7 和图 5-3），即"会议

---

[1]　Chen Y. F., Mo H. E., "Attendees' Perspectives on the Service Quality of An Exhibition Organizer: A Case Study of A Tourism Exhibition," *Tourism Management Perspectives* 1 (2012).

组织""论坛组织""展厅活动"。

表 5 - 7　范畴"工作细分"中活动组织涉及的概念

序号	概念	概念内涵	参考点数量
1	会议组织	案例企业提供一个固定的会议室，参会人员及演讲人员由会议组织者自己决定	21
2	论坛组织	分为案例企业组织的论坛及合作者或参展商组织的论坛等。前者由案例企业邀请嘉宾及观众，后者由合作者或展商自己组织	29
3	展厅活动	案例企业在展厅内组织的活动，目的是带动展厅内的观展气氛，推动展商与观众的信息交流	22

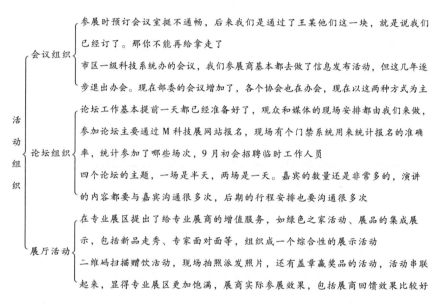

活动组织

会议组织
参展时预订会议室挺不通畅，后来我们是通过了王某他们这一块，就是说我们已经订了。那你不能再给我拿走了
市区一级科技系统办的会议，我们参展商基本都去做了信息发布活动，但这几年逐步退出办会。现在部委的会议增加了，各个协会也在办会，现在以这两种方式为主

论坛组织
论坛工作基本提前一天都已经准备好了，观众和媒体的现场安排都由我们来做，参加论坛主要通过 M 科技展网站报名，现场有门禁系统用来统计报名的准确率，统计参加了哪些场次，9 月初会招聘临时工作人员
四个论坛的主题，一场是半天，两场是一天。嘉宾的数量还是非常多的，演讲的内容都要与嘉宾沟通很多次，后期的行程安排也要沟通很多次

展厅活动
在专业展区提出了给专业展商的增值服务，如绿色之家活动、展品的集成展示，包括新品走秀、专家面对面等，组织成一个综合性的展示活动
二维码扫描赠饮活动，现场拍照派发照片，还有盖章赢奖品的活动，活动串联起来，显得专业展区更加饱满，展商实际参展效果，包括展商回馈效果比较好

图 5 - 3　范畴"工作细分"中活动组织涉及概念代表性的译码参考点

　　案例企业需要借助媒体进行宣传推广，向参展商和专业观众等传达展览举办的时间、地点及展览主题等，吸引展商及观众参展。在"工作细分"范畴中，有两个概念与宣传推广这一面向相关，即"媒体分类及管理"和"展会宣传"（见表 5 - 8 及图 5 - 4），它们分别代表推广部门的宣传渠道的分类和搭建等工作，以及对展会内容进行宣传推广。一是推广部门对媒体进行分类管理，并将其划分为平面媒体、网络媒体等不同类型，加强自媒体建设，设立了 M 科技展的网站、微博、微信等。

二是在展会内容宣传方面，推广部门丰富了展会的宣传形式，提高了展会宣传的针对性，如选择一线城市的高新技术园区等进行重点宣传。

表5-8 范畴"工作细分"中宣传推广涉及的概念

序号	概念	概念内涵	参考点数量
1	媒体分类及管理	案例企业根据媒体的性质，将其划分为不同的宣传渠道进行管理，如平面媒体、网络媒体、自媒体等	68
2	展会宣传	案例企业为扩大展会自身的影响力，增加对参展商及观众的吸引力，对展会自身内容及展商产品等方面进行宣传	49

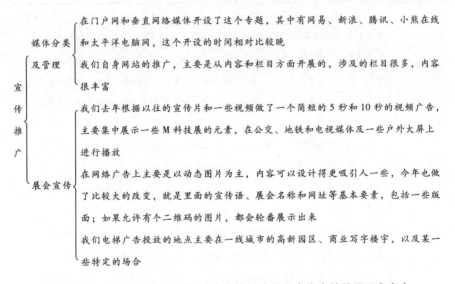

图5-4 范畴"工作细分"中宣传推广涉及概念代表性的译码参考点

对录音文本资料进行分析，范畴"工作细分"中配套服务这一面向共包括了4个概念（见表5-9和图5-5）。一是展商在参展期间需要"餐饮服务"，在展位搭建及参展过程中需要展览组织者提供辅助设施。二是参展商可能存在对服务不满的行为，案例企业须提供"投诉受理"服务。三是案例企业还在各展区对展会进行巡查，维护现场秩序，同时做好安保工作，严格控制危险物品的带入等。四是提供其他相关设施及服务。以上服务项目虽不构成展商参展的目的，但能支持其取得更好的参展效果，因此属于展会的配套服务项目。

表 5 – 9　范畴"工作细分"中配套服务涉及的概念

序号	概念	概念内涵	参考点数量
1	餐饮服务	案例企业设立独立的餐饮场所，供参展商和专业观众用餐及休息	36
2	安保检查	案例企业为确保展会期间参展人员的人身安全，在入场及展期现场对可能的危险物品进行排查等	58
3	投诉受理	为了及时解决展商在参展过程中碰到的问题，确保展会的服务质量，案例企业设立独立岗位接受他们的投诉	52
4	设施提供及其他	案例企业在参展商布展及举办各类活动的过程中，为参展商提供硬件设施及物品等方面的支持	11

配套服务

餐饮服务
- 我们的餐饮都是引进来的，都是经过备案，符合各种法律法规的，是有证经营，相关政府部门开具的东西，每一家餐饮企业都有他们自己的一套严格的流程，我们只是起到协调监管作用
- 一天要收到上百张外卖单，我们发现那个卫生条件不咋的，就又回到原来的餐饮区，因为就凭一张传单，你根本不知道卫生条件怎么样，反正我们是试过一次再也不会试了

安保检查
- 我们还得根据主办方拿过来的资料，里面涉及的展览图以及开展的一些情况，有没有领导或明星来，做一个安保方案。开展期，安排几个人，提前跟主办单位沟通情况，展会与以往相比有什么不同等
- 我们安保作为一个执行部门，出现最多的，像打击黑盒饭。黑盒饭就是指非公司指定餐饮，没有经卫生局审批的，是些小作坊，没有安全保障的，吃坏肚子，难脱其责

投诉受理
- 所以我们的一些保安经常被人投诉。你是一个执行部门，秩序维护部门，会侵犯一些人的利益。有时候展商自己买了小作坊的饭，不让他们进来，他们打市长热线，投诉不让进来
- 从投诉人的角度去说，他不满意就要去投诉，我们只能从受理过程中去最终辨别到底是我们企业有问题还是服务员有问题，抑或是我们细节上有问题

设施提供及其他
- 开展就要提前一个月准备资料，包括报批、展中服务，展后还有一些后续的工作。比如，借了设备要归还，把这些东西要核一下，排查下
- 我们在会议室搞发布会也要网络，那个网速还行，但是那个网要我们租，要我们自己去买路由器和插头。我说很奇怪，我买你们的网，还要自己买路由器，我们人还在 M 科技展的现场，然后又派人去华强北路买路由器以及那一套网线之类的，这个完全可以与租网络一起提供的

图 5 – 5　范畴"工作细分"中配套服务涉及概念代表性的译码参考点

3. "部门"容纳服务资源，企业内部资源整合通过部门协作实现

服务资源分类相关的研究表明，展览服务产品可划分为不同的服务项目（见本书第四章）；"部门分工"范畴表明，案例企业基于不同的服务项目设定了相应部门（见图 5-6）；"工作细分"范畴表明，特定的服务项目又可划分成不同的工作或业务模块，如展商组织可划分为"设置主题""开拓新展""规划展区""展商接待"等工作（对应为"工作细分"各面向包括的概念）。通过对范畴"工作细分"相关概念代表性的译码参考点进行分析，发现各部门在完成自身业务的过程中，逐步培育并形成特定的操作性资源。例如，在展商组织服务项目中，招展部门的员工须掌握市场上的热点展览主题，哪些参展商适合于集中展示，参展商在不同参展的阶段有哪些具体需求等；在观众组织服务项目中，观众部门的员工必须掌握观众的划分标准和方法，及如何拓展观众组织渠道；在宣传推广服务项目中，推广部门的员工需要掌握不同媒体的分类，如何针对性地投放广告等。此外，各部门也获得了必要的对象性资源，如案例企业对招展部门分配了展区或展厅，为观众部门提供建立观众数据库所需要的硬件设施等。

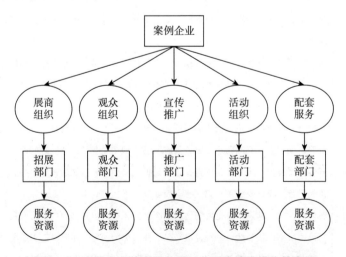

图 5-6　案例企业基于服务项目分配及培育操作性资源

基于以上分析，可以得出：案例企业基于参展商需求划分服务项

目后，成立特定部门，而各部门根据该服务项目所包括的服务内容，逐渐形成相应的操作性资源，同时公司向该部门分配必要的对象性资源，此时企业按服务项目或业务划分部门，"部门"成为容纳相应服务操作性资源和对象性资源的"容器"，企业内部资源整合可通过公司各部门间的协作实现（即各部门调动自身资源参与服务项目的完成或提供）。

（三）部门间资源整合存在困难

1. 职责界定不清晰带来争议

"分配责任"是指案例企业给各部门制定了具体工作内容，赋予其相应的资源和权力，同时要求部门对该项任务承担相应责任，如招展部门对展位出售情况负责，观众部门负责专业观众的组织工作等。对录音文本资料进行分析，发现该范畴包括3个概念（见表5-10及图5-7），涉及部门内和部门间责任两个面向。一是各部门关注自身的职责，以完成本部门任务为首要目标，如"独立运作"。二是部门间责任，部门的任务一旦确定后，各部门以追求自身利益为目标，对需要各部门共同协作的事项，出现相互推卸责任现象，产生"部门间卸责"。三是在展览举办过程中，参展商和专业观众的数量、质量相互影响，在案例企业中当展商参展效果没达到预期时，招展和观众两个部门均认为对方组织的参展商或专业观众未达到自身的要求等。

表5-10 范畴"分配责任"的内涵及包括的概念

序号	概念	概念内涵	参考点数量
1	独立运作	在成立部门后，各部门有相应的职责和任务，部门为完成自身的任务指标而努力	32
2	部门间卸责	单个服务项目的提供涉及多个部门参与，且各部门对项目执行具有影响，导致服务失败后责任难以明确	12
3	项目责任制	案例企业为了统一各模块，共同向参展商提供服务，在部门间抽调人员组成项目部	10

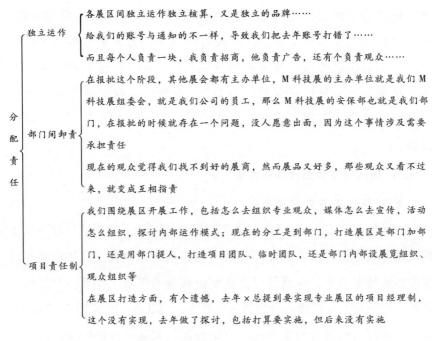

图 5-7 范畴"分配责任"相关概念代表性的译码参考点

　　针对部门间责任难以区分的问题，案例企业曾尝试实行"项目责任制"（属于部门间责任面向），使原本部门外的责任内部化，如按展览主题设立项目部，使项目部独自承担特定展区的招展和观众组织工作，开展展区宣传等工作。但该模式也存在一定的困难，如项目责任制要求对部门分工进行调整，使人员在各部门间大量流动，造成不稳定。与此同时，项目责任制会影响部门专业分工带来的工作效率，因此该制度在案例企业一直没有得到实行。

　　2. 各部门权力有限，难以调动其他部门参与协作

　　"权力有限"是指各部门工作的开展需要公司赋予其相应的资源和权力，如招展部门拜访客户需要经费支持等。但案例企业根据服务项目成立相对独立的部门后，公司将与部门业务相关的资源和权力下放到具体部门，导致部门在执行任务的过程中，发现现有资源或权力难以满足业务的需要，需要公司进一步授权或有其他部门的支持、配合。对录音文本资料进行分析，发现该范畴包括 7 个概念（见表 5-11 及图 5-

8)。根据服务提供过程中"权力"需要延伸的范围，可将它们分为部门内及部门间两个面向，部门内涉及的概念包括"人员有限""经费有限"，即部门目前分配的资源难以满足服务项目的需要。

表 5–11　范畴"权力有限"的内涵及包括的概念

序号	概念	概念内涵	参考点数量
1	无权指挥	各个部门在独立完成自身任务或履行职责的情况下，由于部门间层级关系平等，任何部门无法向其他部门下达指令要求	27
2	无权激励	受公司体制的影响，部门领导无法设立激励条款，以调动本部门员工的积极性，提高服务效率等	7
3	人员有限	案例企业内部员工有限，需要借助外援，共同完成展览服务	8
4	经费有限	案例企业对部门运营费用控制严格，部门认为营销费用等低于市场正常水平，影响部分业务的开展	13
5	无执法权	案例企业不属于执法单位或在执行人员未充分授权的情况下，部分秩序维护或监督工作无法开展	12
6	无权筛选	受体制或公司制度的影响，招揽或观众组织人员无法按照自身的标准选择或拒绝展商、观众	7
7	定价权有限	在未授权的情况下，招展部门无法根据具体情况制定展位价格，以吸引目标展商参展	9

权力有限

无权指挥
安保工作人员接待涉及房间、水、桌椅，要花很多时间去协调这些事情
展商组织协调工作，签合同，协调各部门，同意之后签合同，还有一些未知的因素。部分事情由策划部门决定，不能做，即使签了合同也没有用

无权激励
受制于很多客观因素，包括人员定编、人员激励措施等限制，有些工作，我们只能发挥自己的潜力去做
国情能够改变的东西，更多地需要社会发展去改变。所以说同一个东西受到你企业的改革、市场激励机制等方面的影响

人员有限
在去年没有外包情况下，团队100多人，这么大的团队需要我们处理的事务很多，别人问现场要这么多人吗。在没有外包的情况下，临聘有70多人，今年外包合作单位用了89人
部门人员新手多，人手不足，策划中真正做过开幕式的只剩下一个，很多同事都是刚进入公司，要快速了解M科技展各项工作

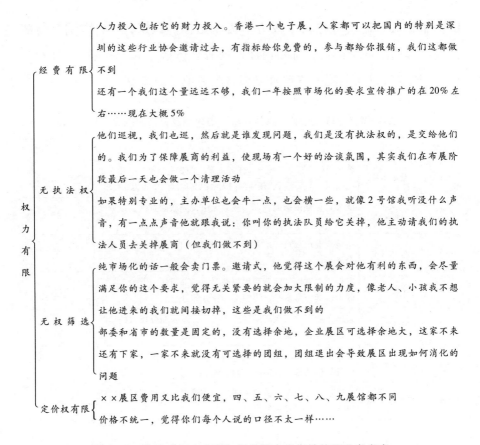

图 5-8 范畴"权力有限"相关概念代表性的译码参考点

部门间的"权力有限"是指部门不能基于业务开展的需要而调动其他部门的资源，或本部门业务的开展超出自身的权限范围等；该面向涉及的概念包括"无权指挥""无权激励""无执法权""无权筛选""定价权有限"。如招展部门提出，展商反映展览现场有大量的非专业观众（如老人和小孩），降低了展会的专业性；但受体制制约及领导支持力度等因素的影响，招展部门不能根据自身的期望筛选特定的观众或对展区进行规划等。

（四）部门资源整合的措施及结果

1. 各部门在服务提供过程中加强沟通

"部门沟通"是指公司各部门为完成一项共同的任务，需要相互交流、配合等。对录音文本资料进行分析，发现该范畴包括4个概念（见表5-12及图5-9）。根据部门沟通或交流的方式，这些概念可以划分为两个面向，即非正式的日常交流（包括"资源分享""业绩共享""工作交流"）和部门间正式沟通（主要表现为"部门会议"）。两种方式在案例企业展览服务提供过程中都得到了体现，如部门领导表达出共享客户数据资源，加强部门间合作等；在访谈过程中，部分员工也提出应该通过"业绩共享"来提高部门间的合作与配合。此外，录音文本资料分析结果表明，各部门在日常工作中存在信息沟通，案例企业以会议的方式召集各部门员工进行讨论等。

表5-12 范畴"部门沟通"的内涵及包括的概念

序号	概念	概念内涵	参考点数量
1	资源分享	为了更好地服务于自身的客户，部门表达希望与其他部门共享资源的诉求	3
2	业绩共享	部门员工希望业务上的成绩能在执行部门和配合部门的业绩中得到体现，激发其他部门的配合	4
3	部门会议	案例企业召开部门间的正式会议，加强部门间的交流	5
4	工作交流	各部门在日常工作过程中，因工作需要，保持经常性的沟通	34

```
        ⎧ 总结会开了 5 次，5 个主题，观众、展览、国际化等，今天是活动和宣传推广；
        ⎪ 几个部门都做了充分准备
  部门会议⎨ 会议效果还是非常好，达到了预期目的。对 2014 年 M 科技展的工作，取得的成
部⎪      ⎪ 绩，存在的问题，还有对今后工作的想法等，做了个充分的梳理。每个部门都
门⎪      ⎩ 在这些方面做了准备，有的都已经在部门做了一些交流、总结
沟⎨
通⎪      ⎧ 在组织方面，尽管这些工作分散在不同部门，招展在招组展部和交易信息部，宣
  ⎪      ⎪ 传在策划部，活动在重活部，观众在交易部，但在工作中我们各部门彼此交流
  工作交流⎨ 得多了
        ⎪ 我们以后还是要更多地加强与各个相关部门的沟通和总结，涉及餐饮、设备设
        ⎩ 施、安保等各部门，加强在前期筹备的时候与各部门沟通
```

图 5 - 9 范畴"部门沟通"相关概念代表性的译码参考点

2. 领导对案例企业服务的提供具有决策权

"上级决策"是指展览服务提供、各部门利益协调、矛盾化解等需要借助领导决策。该范畴包括 4 个概念（见表 5 - 13 及图 5 - 10），按领导决策的内容可划分为公司层面及下属部门两个面向，公司层面是指上级领导对公司层面的业务做出判断并推动执行等，其结果可能影响所有部门，包括"领导策划""接待嘉宾"（代表公司）。例如，M 科技展各部门希望通过提高展会的专业性，以提高展商的参展效果等，如设置观众参观门槛，排除一些非专业观众等。下属部门是指上级领导对下属部门的具体业务提供指导或做出决策，如案例企业虽规定了各部门负责的服务项目或业务，但服务项目在实施过程中如果遇到困难，需要领导"激励和监督"，同时对于具有重大影响的任务，需要领导对下属部门服务项目的计划或实施情况提供指导，表现为"审批事项"。

表 5 -13 范畴"上级决策"的内涵及包括的概念

序号	概念	概念内涵	参考点数量
1	激励和监督	上级领导激励各部门员工完成任务，或在各部门员工履行职责的过程中提供系列帮助，推动任务的完成	9
2	接待嘉宾	领导作为公司代表，出面接待上级领导和参展参会嘉宾，或出面招揽重要展商及合作单位等	15

续表

序号	概念	概念内涵	参考点数量
3	领导策划	上级领导对公司内部的长远发展、战略规划、关键问题等方面做出决策或部署	13
4	审批事项	各部门将本部门的计划、业务开展情况等信息提交领导审核、批示	15

激励和监督
我们主办展区，省市和高校展区数量没有受到太多影响。与M科技展的品牌号召力和领导的支持密不可分

发挥能动性方面转变。不一定要自己干，做得好也好，做得更有效率也好，都是更有价值的，养一个人要花多少钱，还得领导去指挥和考核他

接待嘉宾
开幕式领导肯定会过来，这个我们可以知道，还有主办单位高级别的领导，就是主办方是由部长来或者副部长来的……这些涉及接待

什么级别的人过来都要有一个同级别的人去接待……企业也是一样的。如果像我们这种市场业务人员去的话，那可能最终人家就找一个一般的人来，重视你的程度就不一样了

领导策划
现在像我说的那样，所有有信息的观众都要在网上登记以后才能拿到他们的入场证，没有提供信息的只能去买票。这也要看领导的决心

今年领导想好了，你要怎么做，但M科技展有很多下面的子品牌，缺乏规划性，需要领导去推动改变

审批事项
包括把图纸拿到安委办，就是到消防这边审图，审完图之后，我们领导签字盖章，责任书等我们自己签字盖章，然后由我们公司盖章

都是有文件性的东西，就是说这个公司的办公地点，他们部门会起草一个东西。还有在M科技展的时候，由领导来定，那他肯定要领导批示，我们看到批示件，再处理

图 5-10　范畴"上级决策"相关概念代表性的译码参考点

3. 案例企业制定机制，确保展览服务的提供

"制定机制"是指案例企业为保证公司及各部门的运转，确保各部门服务项目的完成，设立了各种制度、流程等，目的是尽可能减少利益冲突，使企业利益最大化。"制定机制"包括了6个概念（见表5-14和图5-11）。根据规则或流程涉及范围，可分为公司层面及下属部门，公司层面是指案例企业在特定领域设有或制定了规章或制度，而该类制

度对所有员工都有约束力等，包括"安全制度""计划或预案""公司体制""行为规范"。"公司体制"表示案例企业的运营受公司企业性质的影响，限制了公司所能采取的经营措施等。下属部门包括"分配规则""部门操作流程"，指各部门针对自身业务而制定的规则或流程，如观众部门负责门票的发放，而为了规定各类会议或不同展商配多少张门票，该部门对门票的赠送规则做出了明确规定等；此外各部门针对自身业务制定了相应的"操作流程"。

表 5 – 14　范畴"制定机制"的内涵及包括的概念

序号	概念	概念内涵	参考点数量
1	安全制度	案例企业在食品卫生、展馆运营、展览现场管理等方面制定系列安全管理条例	20
2	计划或预案	案例企业及内部各部门制定公司或部门的工作计划、预案等，用于规范日常工作的开展	29
3	分配规则	观众组织部门负责展览现场门票的发放，对会议配套所需门票、展商赠票数量等做了详细规定	9
4	公司体制	案例企业属于国企，且 M 科技展属于与国家多个部委共同举办，公司及部门业务开展受约束	11
5	行为规范	公司及部门对员工的日常行为制定了规范或提出了要求	4
6	部门操作流程	部门以流程图的方式约束自身业务的开展，明确服务环节及服务内容等	59

制定机制
　安全制度
　　这个食品安全它本身就有一套完整的管理规定。做餐饮的大公司他们自己都有一套食品安全管理制度。我们主要是管理。经常去餐饮现场看看，敲响警钟，让他们规范化
　　布展期间，展会服务安全，交通，消防，这些是现场的服务。展会结束后还要撤展，撤展要注意交通、消防等，把这个展会服务完，在我们单位要交给运营部
　计划或预案
　　在专业观众引导、展区规划、宣传推广方面就有一个倾斜，把这个创新点做一个计划方案，后面会有一个实施
　　我们做了一个 VIP 服务方案，是想针对我们的重要客户进行一些特殊服务，方案做出来了，也批复实施了，但是在实施过程中遇到的问题就是我们真正想要的——给重点展商的福利都没有实现

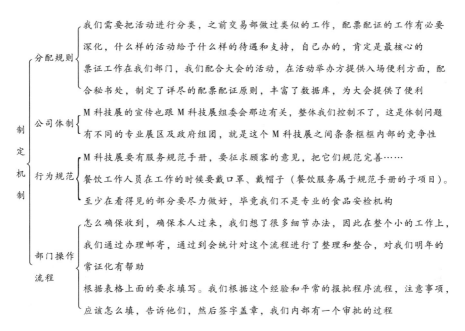

图 5-11　范畴 "制定机制" 相关概念代表性的译码参考点

4. 案例企业设立考核指标，激励员工行为

"实施考核" 是指案例企业向部门指定服务项目或职责并赋予相应权力后，为了推动工作的开展，对各部门服务项目执行结果进行考核。该范畴包括 3 个概念（见表 5-15 和图 5-12），即 "收入考核" "考核展商管理" "考核观众组织"。对这些概念的内容进行分析，发现它们的差别主要体现在考核指标上，如对招展部门考核组织大企业及知名企业参展情况；对观众部门考核持续积累的专业观众信息等；而对产生业务收入的部门，主要通过设定经营目标进行考核。针对考核内容上的差异，笔者认为该范畴的面向是因各部门的业务性质而确定的，如是直接产生收入还是对其他部门提供协作等。

表 5-15　范畴 "实施考核" 的内涵及包括的概念

序号	概念	概念内涵	参考点数量
1	收入考核	案例企业对部门的经营收入制定计划，纳入部门工作业绩的考核	6

续表

序号	概念	概念内涵	参考点数量
2	考核展商管理	为了保证展会的影响力，培育展会的竞争力，案例企业对部门的招展工作提出了要求，包括知名企业数量、展商来源地等	5
3	考核观众组织	为了保证展会的影响力和展商的参展效果，案例企业对观众组织工作提出要求，包括向观众发出的邀请信数量、观众质量等	6

实
施
考
核
{
收入考核{
要落实费用的问题，因为我们有经营指标的，我们要保证在安全的前提下，把费用预算告诉主办单位等
上面给我们配的门票、证件远远不能满足他们的需求，而他们又有指标考核的问题，如果配多了，卖的就少了，卖的少了，经营额度就不够了
考核展商管理{
在考核的时候不是以小公司来考核，而是以跨国公司或龙头企业等来考核
我们上面对我们考核的东西，有一些都是不可能的东西
考核观众组织{
我是来参展的，而展会相关部门负责票众的又有这种指标考核，导致我们展商需要的远远不够
他会有一定控制的，从我们客户端来讲包括我们省市高校主办的，每次我们做意向调查的时候，他们会说他们的票不够，但是策划部门是做这个票证方案的，他有他自己的要求，每年的票不能增只能减

图 5 - 12　范畴"实施考核"相关概念代表性的译码参考点

5. 部门间业务相互影响，协作容易出现困境

"协调困境"是指各部门间存在利益不一致，导致部门间在协同服务等方面出现困难。该范畴包括 7 个概念（见表 5 - 16 和图 5 - 13）。根据利益或矛盾冲突主体间的关系，可划分为部门间及上下级两个面向，部门间的"协调困境"指案例企业各部门间缺乏调动其他部门的权力，导致了协同服务于顾客的行动失败，相关的概念包括"观众影响招展""宣传影响招展""反馈不及时""执法负影响""优先满足会议"，如在推广部门与招展部门之间，招展部门反映推广部门向目标市场传达展会信息的时间过晚，没有在展商制定下一年营销计划之前发布广告信息等，导致展会宣传与招展所需要的进度安排不一致等。上下级间的"协调困境"包括"审核影响实效"和"上下级矛盾"，表示领

导审批部门的业务影响到部门相关业务的及时开展；上级领导的决策可能与部门存在差异，导致领导决策结果与部门目标存在差距，如公司领导重视上级领导的接待工作，而业务部门认为应该更重视展商在参展过程中取得的实际效果等。

表 5 – 16   范畴 "协调困境" 的内涵及包括的概念

序号	概念	概念内涵	参考点数量
1	观众影响招展	在部门分工模式下，观众部门组织专业观众的数量及质量，影响展商的参展效果	12
2	宣传影响招展	在部门分工模式下，推广部门按本部门的工作计划宣传展会招展信息等，招展部门认为太晚不利于招展	4
3	反馈不及时	在部门分工模式下，各部门不能及时获取其他部门的信息，进而影响本部门的决策或工作开展	6
4	执法负影响	展览现场秩序维护部门严格执法或执法不当，对招展部门客户关系的维护产生负面影响	5
5	优先满足会议	各部门有自身的职责和任务，活动部门维护自身利益，优先将会议室安排特定群体	4
6	审核影响实效	部门开展的业务需要领导审核，而审核时间过长影响业务的正常开展	3
7	上下级矛盾	将部门业务提交领导审核时，领导意见与部门意见不一样，影响业务的开展	15

协调困境
{
观众影响招展
{
（IT 展招展）不能说我招得不好，只能说你后面的效果没有达到，效果没达到，最终观众买家组织不够，人家想要的不是这种效果

（询问展商流失的原因）没效果，没有参展的实效……人家来这里找合作伙伴，或者能找到，但没有我想要的东西
}

宣传影响招展
{
（展会宣传）正常应该是二三月，最好是在年前，就是年末的时候，特别是大公司，为什么跨国公司不来，跨国公司每年都有预算……如果在年前没做计划，那后来参展的这种事情不是我们这个层面能去做的

（现场调研形成的一个资料）都要到三四月，起码要经过 4~5 个月的时间才能拿到资料给展商。很多展商回去说：出的这个报告没用，太晚了
}
}

比如说我要跟某一家合作单位邀请观众，一个协议有可能从3月谈到6月，然后再确定下来，7月签约，8月才去开始要约。海外观众需要提前知道：你们都有哪些展商？而我们与很多展商的合约可能到10月才签，但海外观众不到10月的时候就问了

电子稿成型的时候再去要。包括活动也是这样。团体参观，他会说，我们谁谁想去，或者除了去参观，还有哪些活动可以参观。我也不知道，因为活动分布在各个部门，各个部门签约时间有点长，没签定下来之前谁也不可能告诉你

但是这块你管不到，就说一个保安，比如一个展商来这里，一个保安问去，哪可能对你深圳M科技展的服务一下子就达到了零点了

执法的去了就没得商量了。我们（招展部门）去了还有商量。有商量有时候就变成好说了，软弱，你拿他没办法

据我所知，会议室场地和论坛是委托给另外一家地方公司做。搞论坛的那家公司去年我们也接触过……我们参展商不一定能申请到场地。这是对我们非常不公平的一个地方

其实绝大部分还是在外面，各个部委也会有些东西在论坛发，这时候我们肯定就要牺牲展商满足政府了

那我们一个合同是一定要原件盖章、写请求报批，然后分管我们的这个，应该说我写，写完领导批，领导批完财务核，核完之后分管副总签

像你刚刚讲那个纯市场化的公司可能更加灵活一些、更加高效一些……这个方面有可能会减少流程

（领导）关心的东西，国家领导人谁来了，以前因为开幕式，主要是开幕式。只要开幕式开完了，深圳M科技展就完成50%以上

（新闻发布会的作用）新闻发布会只是给领导看的……这不是市场化的，我们所要的是市场化的

协调困境
- 反馈不及时
- 执法负影响
- 优先满足会议
- 审核影响实效
- 上下级矛盾

图5-13　范畴"协调困境"相关概念代表性的译码参考点

三　权力、利益和责任是影响部门间资源整合的关键

（一）"部门分工"和"协调困境"是部门资源整合的两个主范畴

本部分研究展览企业如何整合各类资源，共同为参展商提供服务。对开放性译码所形成的"内部管理类"范畴进行分析，发现其已较好

地描述了案例企业在整合各部门资源向参展商提供服务的过程中存在的问题及采取的措施等，因此可尝试进行主轴译码、选择性译码等，以归纳案例企业内部资源整合的规律。

扎根理论开放性译码分析共生成三类范畴，即内部管理、合作单位介入和展商行动。扎根理论研究人员认为，面对两个一样重要或有趣的现象，具备形成两个核心范畴的条件，此时研究者可以选择一个范畴作为核心范畴，把另一范畴置于其下，成为附属范畴；而在分析另外一个范畴时，可以把主、副范畴倒过来，重点研究另外一个现象，形成理论。[①] 笔者认为，开放性译码所生成的内部管理和合作单位介入两类范畴对应了案例企业内部（部门间）、外部（与外部合作者之间）服务资源整合两个现象，可分别发展成两个不同的核心范畴。因此笔者借鉴扎根理论研究人员的观点，在分析部门资源整合时，将合作单位介入类范畴统一命名为"外部合作"，并将其与范畴"顾客参与"视为内部整合主范畴的附属范畴；而在分析外部合作者资源整合时，将内部管理类范畴（简称"内部管理"）和"顾客参与"视为附属范畴，分析案例企业外部资源整合的规律等。基于以上思路，笔者分别对案例企业内、外部资源整合过程及规律进行了分析。

笔者运用典范模型对案例企业内部资源整合相关的范畴和概念进行了主轴译码，共发展了 2 个主范畴，即"部门分工"和"协调困境"（见图 5 - 14 和图 5 - 15）。

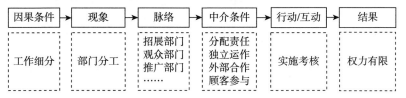

图 5 - 14 企业内部资源整合过程中"部门分工"主范畴的形成

---

① Anselm Strauss、Juliet Corbin：《质性研究概论》第一版，徐宗国译，台北，巨流图书公司，1997。

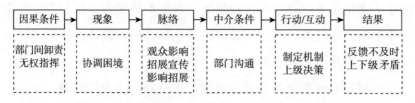

图 5-15　企业内部资源整合过程中"协调困境"主范畴的形成

在"部门分工"主范畴中，各范畴和概念的关系为："工作细分"导致了"部门分工"现象的产生，其脉络表现为不同部门的成立；在"分配责任"、各部门相对"独立运作"、外部合作者提供协助、顾客参与服务提供的条件下，案例企业采取了对部门进行考核，监督各部门完成服务项目或任务的方式来确保展览服务的提供；此时由于各部门优先确保自身利益，使各部门间不能相互调动资源，导致权力受限，影响服务效果。

在"协调困境"主范畴中，由于各部门缺乏协调其他部门的权力、推卸责任等，产生"协调困境"现象，其脉络体现为各部门的业务相互影响等。当部门协调出现困境后，公司一方面要求各部门间加强沟通，同时采取了"制定机制""上级决策"等措施，以达到部门协作的目的。但这些措施也存在一定弊端，如"上级决策"暂时平息了部门间的利益冲突，并未完全解决部门矛盾。当领导对部门业务缺乏足够了解时，可能产生上下级冲突。与此同时，在部门增多、业务增加的情况下，由上级决策或召开部门会议的方式解决问题，会影响服务效率等。

（二）"权力渗透、责任传递、利益分配"成为核心范畴

主轴译码在范畴或概念之间建立了关系，生成了两个主范畴。选择性译码阶段，笔者先确定了案例企业内部资源整合的故事线，分析所生成的主范畴能否概括该故事线，如果不能则需要通过将故事线概念化的方式生成核心范畴。为了更详细地分析案例企业部门间资源整合存在的问题，以促进故事线的生成，笔者利用 NVivo 中的矩阵查询功能，通过查询不同部门（对应为案例节点）存在的共同译码参考点，显示各部门间存在的业务连接事项。经过对这些事项进行分析，可较好地比较、归纳案例企业部门协作存在的问题和难点。运行 NVivo 软件案例节点矩阵查询功能，得到各部门间共同译码参考点数量（见表 5 - 17）。以了解部门间业务连接或关联情况。

表 5 - 17　部门间协作矩阵查询结果

部门	配套部门	观众部门	论坛部门	推广部门	招展部门
配套部门	—	5	2	4	22
观众部门	5	—	7	3	17
论坛部门	2	7	—	3	9
推广部门	4	3	3	—	9
招展部门	22	17	9	9	—

注：表格内数字是部门间共同译码的参考点数量，代表了部门业务相关事项的数量。

基于各部门间共同译码参考点查询结果，笔者选择并分析了代表性的部门协作问题或难点。

1. 配套部门与招展部门协作存在的代表性的问题或难点

你的服务好不好，可能保安跟展商的接触更多，但是这块你管不到。比如一个展商来这里问一个保安去哪，回答不好可能对你 M 科技展的这个服务一下子就达到了零点。就是这些小事情，在一些服务的细节上。我们这些客户来得不容易，维护这种关系靠的是对他们毕恭毕敬的，但是对他们来说无所谓啊。

2. 观众部门与招展部门协作存在的代表性的问题或难点

（1）比如说我要跟某一家合作单位邀请观众，一个协议有可能从 3 月谈到 6 月，然后再确定下来，7 月签约，8 月才去开始要约，然后海外观众需要提前知道你们都有哪些展商？而我们与很多展商的合约可能到 10 月才签，但海外观众在不到 10 月的时候就问了。

（2）整个（展会）都有这个问题，包括安保也提到这个，就是老人、小孩让不让他们进来，好像每年这一块投诉也比较多。老人容易出事，是成都结队来的，一来三四十个，而且老人的情绪是很难控制的。老人说的话有一定道理的，你是政府展，你政府花老百姓的钱，老百姓看个展会不行吗，再说了，老人凭着这个优待证进任何地方都是免费的。

（3）每个人负责一块，我负责招商，他负责广告，然后他那个负责观众，相对都是独立的，考核的时候要看你这一块的。这个项目应该是个总体的效果，你的这个整个 M 科技展是揉在一起的，我是觉得你观众也是为这个招展服务，为展商服务，你的宣传也是为展商服务，你的策划也是为这个宣传服务。

（4）IT 展我们原来招的一些出名的跨国公司，都是 IT 行业的，只要我们大家能够听到的这种公司基本上都参加过 IT 展，但是留不住，所以不能说我招得不好，只能说你后面的效果没有达到。

3. 论坛部门与招展部门协作存在的代表性问题或难点

（1）参展商认为：会议室这块我觉得有点儿不通畅，因为他们会议室是另外一套系统，我们参展商要通过展会的员工，才能联系到会议室系统的人，我觉得对我们确实不公平；会议室场地和论坛是委托给另外一家地方公司在做；这个会议室场地，论坛可能会申请到场地，但是我们参展商不一定能申请到场地。

（2）活动部门说：场地其实是满足不了的，前几天满足不了，说是资源的问题，各个部委它也会有些东西在论坛发，这个时候我们肯定就要牺牲展商了，满足政府了。而各个部委在 M 科技展开幕的前两天基本上把所有的位子占掉了。那我们就牺牲了展商的利益嘛。

4. 推广部门与招展部门协作存在的代表性问题或难点

（1）正常应该是二三月，最好是在年前。年末的时候，特别是大公司。为什么跨国公司不来，跨国公司每个年度有一个年预算，上市公司更是这样。如果它们在年前没做计划，那后来参展的这种事情不是我们这个层面能去做的，那可能就是市长见到某个公司领导说一下。

（2）他们部门也没什么大的关系，但是我觉得应该是一个长效性体制性的。这个时候该发表文章，该发什么就发什么了，但是没有，我们 M 科技展广告在哪的时候打出来了，在接近开展的时候，你们会看到，但是那时候给我们招商没用。我们想，广告投入应该有持续性，然后有个间隔，能够达到一定的效果。

（3）以前做现场调研的报告，都要到三四月，起码都是 4~5 个月才能拿给展商。很多展商说这个报告没用，出得太晚了。因为展商回去以后要写总结等。一个礼拜之内能把这个报告给展商的话，那展商肯定就会好很多。

（三）产生问题原因

通过对案例企业各部门代表性的协作问题或难点进行分析，本书发现"工作细分""部门分工"带来的"权力有限"及缺乏部门间协作激励机制等是导致案例企业部门协作困难的重要原因，最终影响了案例企业部门间资源整合。

1. 项目负责部门无权调动其他部门的资源，导致服务提供受限

案例企业按职能、服务项目划分部门后，各部门相对独立。各部门虽然具有执行特定业务的操作性资源（知识及技能）及对象性资源（设施）等，但在需要其他部门共同协作的服务项目中，该项业务的负责部门虽然掌握顾客的需求，但不具有调动其他部门资源的权力，导致部门间服务环节相互脱离，影响服务效果。案例节点矩阵查询结果表明，案例企业对观众部门、活动部门、推广部门分配了相应的经费、会议场地资源等，用于为参展商提供观众组织、活动组织及宣传推广等服务，但各部门仅考虑自身任务的完成情况，不顾招展部门的需求（招展部门掌握展商期望观众类型、展商办会要求及展会宣传时间节点等信息），导致案例企业的参展商服务存在问题（见表 5-18）。因此从满足顾客需求角度出发，应确保具体服务项目的负责部门能调动其他部门的资源，共同为顾客提供服务。

表 5-18　部门间协作困难而导致的内部资源整合问题分析

部门	事件分析
配套部门	配套部门对展商的服务不到位，影响参展商对整个展会的评价。例如，安保部门如果不注意执法力度和方式，将导致展商的满意度降低；案例企业员工认为参展商应该由全公司人员共同呵护，但目前的考核方式达不到这种效果
观众部门	专业观众的质量（专业性）和数量是影响展商参展积极性和参展效果的重要因素。招展部门提出现有观众的专业性难以得到参展商的认同，小孩和老人过多等；而观众部门则提出参展商的组织进程也影响到该部门的观众组织，如观众会询问有哪些展商参展等；与此同时，招展部门被访谈人员认为应改善考核机制，使各部门共同服务于参展商
活动部门	参展商抱怨很难预订满意的论坛或会议场地，认为现有场地预订方式不公平，提出案例企业应优先满足参展商的需要等；活动部门员工也认可会期场地紧张，出现牺牲参展商利益的现象
推广部门	招展部门抱怨展会的宣传及广告时间落后于招展或参展商汇报工作所需要的时间，导致参展费用不能及早纳入客户公司的预算等，不利于招展工作的开展；而媒体报道、案例企业发布的展后分析报告等不能及时传达给参展商，影响参展商向上级领导汇报参展成效等

2. 在公司内部建立激励机制，成为影响部门协作的关键因素

有研究表明（考虑到经过前期各项译码工作，本书已在概念和范畴间形成较为稳定的关系，此时，可以回到相关文献中，看现有研究成果是否有助于厘清所分析的问题[①]），技术框架希望通过详细描述服务过程各部门的责任及服务内容等，从而实现部门协作，但部门间关系错综复杂，存在利益冲突[②]，导致协作失败。例如，案例企业采取了上级决策、部门沟通、制定机制等方式来解决部门协调及资源整合等方面的问题，但这些措施仅能暂时平息利益冲突，并不能完全解决部门之间的矛盾。有配套部门的工作人员指出，安保部门的人员绩效考核并不涉及展商招展及服务评价情况，因此在展会现场执行任务的过程中，可能产生态度过于强硬等行为；招展部门的员工也提出，在现有部门分工及考

---

① 凯西·卡麦兹：《构建扎根理论：质性研究实践指南》，边国英、陈向明译，重庆大学出版社，2009。

② 秦颖、马超培、张丽等：《组织中的跨部门冲突理论与实证研究》，《工业技术经济》2010年第10期。

核机制条件下，各部门首先保障自身利益，导致"相对都是独立的"结果。有部门员工提出应该设立一种机制，达到将"整个 M 科技展（各部门）揉在一起"等。基于以上分析，笔者认为应该在公司内部设立一种有效的激励机制，推动部门间的资源整合及部门协作。

通过对扎根理论开放性译码所生成的概念、范畴以及案例节点矩阵查询结果进行分析，同时再次阅读录音文本资料，笔者归纳了案例企业内部资源整合的故事线，即案例企业进行"工作细分"及成立不同部门后，各部门有自己的工作标准及利益；此时分工虽然带来专业化及工作效率提高（培育及形成了操作性资源）等，但也带来一些问题，出现部门"协调困境"及推卸责任等现象，如招展部门反映入场的观众与自身负责的展区未能很好地匹配，同时反映展商参展过程有使用会议室的需求，但很难订到满意的会场等；招展部门认为广告发布滞后于招展的需求，希望展会信息在展商制定下一年度营销预算之前发布等。针对部门协作和资源整合过程中出现的问题，公司采取了"制定机制"及"上级决策"等措施，但由于部门间"权力有限"及缺乏激励机制等，导致服务项目负责部门无权调动其他部门的资源共同参与服务的提供。此外公司曾尝试运用项目经理制的方式打通部门间的壁垒，但存在一定的困难，具体表现为：破坏了原有的工作流程及岗位划分，易带来员工的情绪波动，不能发挥部门分工带来的专业化及成本控制等优势。

针对以上故事线，笔者认为"部门分工""协调困境"两个主范畴是企业部门协作过程中产生并要解决的现象，没有揭示部门资源整合和协作的规律，因此不能作为核心范畴。笔者基于案例节点矩阵查询所归纳影响部门协作的两个主要原因，一是服务项目负责部门能调动其他部门资源共同为顾客提供服务；二是在明确其他部门协作责任情况下，能否建立激励机制，调动各部门的积极性。共同服务顾客是部门资源整合和协作的关键，最终归纳出"权力渗透、责任传递、利益分配"这一核心范畴，其核心思想为：一是企业针对不同的客户或具体服务项目，确定其负责部门，赋予该部门协调其他部门的权力；二是规定其他部门必须履行该部门的协作要求，接受该部门的考核，实现责任的传递；三是企业明确部门考核与服务绩效及协作评价建立联系，根据考核结果在部门间分配利益（借用典范模型，各范畴间的关系。见图5-16）。

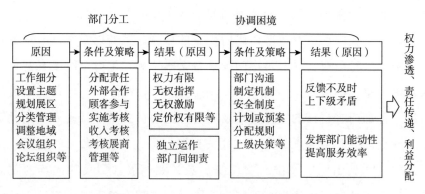

图5-16 主范畴与核心范畴之间的关系

四 本章小结

第五章对案例企业内部资源整合过程进行了分析，发现在按服务项目或业务划分部门的模式下，"部门"成为企业培育和容纳操作性资源及对象性资源的"容器"，此时企业内部的资源整合可通过部门间的协作实现。研究发现，在成立多个部门的情况下，由于部门间存在利益冲突，虽然企业可以通过"制定机制""上级决策"加强部门沟通等方式推动部门间的协作，但仍难以消除部门资源整合或协作的障碍，如出现部门间推卸责任等现象。笔者通过对案例企业内部资源整合或部门协作过程进行分析，得出"权力渗透、责任传递、利益分配"这一核心范畴，提出资源在哪个部门并不重要，重要的是服务项目负责部门拥有调动其他部门的权力，以及公司具有促使部门间资源整合或相互协作的激励机制等。

为了进一步说明该模式的实施过程，笔者对其实施的原则及在案例企业中如何运用进行了分析。

（一）以建立利益共同体为核心，以部门协作评价为手段

案例企业通过部门协作来实现内部资源的整合，造成部门协作困难的原因有多种[①]，而这些原因中利益冲突是核心问题之一，具体表现为：一是基于经济人的假设，各部门员工都有逐利行为，会根据预期的回报及利益分配机制安排自己的行为[②]；二是在统一各部门利益的情况下，各部门因目标差异、领导风格及权责不对等导致的冲突，有可能转化成建设性、良性的冲突，反而有利于企业的发展[③]，因此解决部门协作失败或冲突的核心原则是将各部门打造成利益共同体。在"权力渗透、责任传递、利益分配"内部资源整合模式中，"利益分配"强调企业基于整体服务绩效，同时考虑各个部门对顾客服务的贡献，分配各部门利益，实现了部门间利益共享及统一。

按职能或业务划分部门的优点在于保持并发挥了各个部门的专业性，有利于提高工作效率等。在"权力渗透、责任传递、利益分配"模式下，服务项目负责部门并不是替代协作部门去提供服务，也不能直接向其他部门一线员工下达命令，干扰其他部门的运行；而是通过向其他部门发布协作需求，同时强调负责部门具有协作执行的评价权，即通过发送及考核协作需求、结果等，调动其他部门参与，保证权力渗透及责任转移。因此该模式既发挥了其他部门操作资源上的优势，减少对其他部门日常工作的干预，又能保证各部门共同服务于顾客。

（二）权力渗透、责任传递、利益分配在案例企业中的运用

案例企业根据不同的服务项目成立了不同的部门。但特定服务项目的实施可能涉及多个部门，如展商组织服务涉及观众组织、展会宣

[①] 秦颖、马超培、张丽等：《组织中的跨部门冲突理论与实证研究》，《工业技术经济》2010年第10期。

[②] 谢永明：《"新经济人"：科学管理的本质——"新经济"下对泰罗"经济人"假设的思考》，《科学管理研究》2002年第2期。

[③] 秦颖、马超培、张丽等：《组织中的跨部门冲突理论与实证研究》，《工业技术经济》2010年第10期。

传推广等。笔者以案例企业 IT 展（招展部门负责的展区）参展商服务为例，分析在新的模式下如何解决部门间资源整合或协作问题。案例企业中招展部门最了解 IT 展展商的消费特征，因此应以该部门作为展商组织服务项目的负责部门，让其协调其他部门的资源共同提供服务（见图 5 - 17）。此时，应先授予该部门在招展环节协调其他部门的权力，具体表现为：一是向观众部门发出专业观众邀请和向推广部门发出展会信息推广要求等；二是规定由该部门评价其他部门协作执行的效果，反馈给上级领导；三是为了提高各部门参与的积极性，建立部门资源整合或协作激励机制，案例企业应规定各部门的利益将根据本届展会 IT 展发展情况（由公司考核）及各部门的考核评价分配利益，其中招展部门作为服务项目负责部门，其考核由案例企业实施。此时，招展部门整合观众部门、推广部门、活动部门的操作性资源和对象资源共同向参展商提供服务。

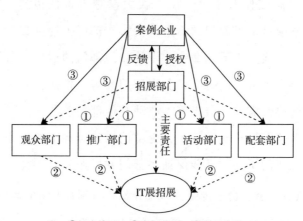

注：①权力渗透；②责任传递；③利益分配。

图 5 - 17 招展部门整合其他部门资源的机制

|第六章|

展览企业外部资源整合分析

一 外部合作者资源整合所涉及范畴分析

（一）合作网络的建立

1. 案例企业开展调研，了解市场发展情况及不同利益主体的需求

部门访谈及总结讨论会录音文本资料的开放性译码分析共产生了7个合作单位列入类范畴，其中"市场研究"指案例企业为了推动M科技展的发展，提升展会的竞争力等，对企业的经营环境及发展现状进行分析，以归纳现有不足，发掘潜在的机会等。该范畴包括4个概念（图6-1和见表6-1），对这些概念进行分析，发现它们可分为企业内部经营状况及企业外部经营环境两个面向，前者包括"分析现状""收集意见"，后者包括"研究政策""调研展会"。案例企业不定期地对自身的发展情况进行评估，归纳展会在发展过程中存在的问题；案例企业在展会结束后对参展商、观众等进行跟踪或回访，收集他们对所接受展览服务的意见；案例企业密切关注政府相关政策，对其他展会进行调研，以更好地推动展会的发展等。

市场研究

分析现状
- 专业展除了我们自己的之外，另外还有 2 号、3 号馆，在展区的组织上有进一步提升，专业展在国际化、专业化及展览品质上有提升。今年有 951 家，海外占 39.8%，国内外参展团组 20 个，跨国公司有 37 家，各项指标在不断提升
- 国内团组参展情况，参展团组数量 68 家，净面积 23510 平方米；企业 1300 家多，项目 2300 个，参展团组数、规模及企业数与往届大致相同

收集意见
- 我们准备坚持走出去，领进来，坚持上门拜访（参展商）……我们想利用协会资源，继续跟进交易部的同事，走出去，不单单在深圳、在珠三角，或者其他省市，引进更多的外地专业观众
- 其实那几天我都出差了，等我回来的时候说××带着几个搞宣传的到各个部门走访了一遍，征求了一下各个部门意见，我觉得他们工作还是挺主动的

研究政策
- 机器人市场高速增长，中国现在成为全球最大的机器人需求市场，从中央到地方强力推动机器人发展。网站上查到一些信息，有 30~40 个城市拟建机器人产业园，工信部发布了关于推进机器人产业发展的指导意见……可以尝试用半个或一个馆做机器人，或者与制造展区结合起来
- 部委、省市高校的面积保持平稳水平，今年没有受影响，政府推进会展的市场化，存在不确定因素。技术展的综合性，政府色彩浓厚，对企业参展效果有制约，需要在组展模式上进行创新，技术展的转型迫在眉睫，如何转型，市场化，专业化，我们在探讨

调研展会
- M 科技展是个综合展，综合展是由很多专业展组成的，典型的案例是德国汉诺威工业博览会，由 13 个世界顶尖一流的专业展组成工业旗舰展。我们也在捉摸，M 科技展未来怎么走？我们也希望进一步在专业展领域扩充，行业的扩大方面可能需要向国际一流展会靠拢
- 一个是专业观众的分类，我陪着××部长去 CES 考察的时候，大致有 13 种专业观众分类。我们的观众是按照票来分，是广东来的还是广东以外来的，他不是以行业划分

图 6-1 范畴"市场研究"相关概念代表性的译码参考点

表 6-1 范畴"市场研究"的内涵及包括的概念

序号	概念	概念内涵	参考点数量
1	分析现状	为了了解展会发展过程中存在的问题，了解自身优势及劣势等，案例企业定期对展会的发展情况进行审视、分析	8
2	收集意见	为了更好地了解展会发展中存在的问题，案例企业向不同主体，包括展商、专业观众、内部员工等征集意见	20

续表

序号	概念	概念内涵	参考点数量
3	研究政策	为了更好地利用宏观政策给展会发展带来的机遇，同时规避政策改变带来的风险，案例企业定期对相关政策进行分析	13
4	调研展会	为了更好地了解其他展会的发展情况，从中吸取发展经验，案例企业对其他展会进行了调研	5

2. 展览活动组织需要其他合作单位的介入

"网络渗透"是指案例企业为了更好地为参展商提供服务，与多个外部合作者建立了合作关系，调动其资源共同为参展商提供服务。该范畴所包括的概念代表了与案例企业建立合作关系的外部单位或机构。对录音文本资料进行分析，发现案例企业围绕服务项目（体现了该范畴的面向）与媒体机构、行业协会、投资或采购机构、园区机构、省市团组、市区部门、国家部委和外聘单位建立了合作关系（见表6-2和图6-2）。其中省市因组、市区部门和国家部委属于以"行政命令"的方式参与展览活动的举办，本书将以上三个主体统一称为"政府部门"。考虑到其合作或协助办展过程中出现的问题有助于对外部资源整合规律的分析，因此本书对它们也进行了研究；外聘单位体现的是以营利为目的的服务外包关系。这些概念代表了具体的合作单位，因此可作为案例节点，其译码内容可以与其他节点的内容重复。为了清楚地表明外部单位或机构与案例企业的合作内容，本书列出了各概念（对应不同的外部合作者）代表性的译码参考点。

表6-2　范畴"网络渗透"的内涵及包括的概念

序号	概念	概念内涵	参考点数量
1	媒体机构	为了传播展会招展等信息及吸引专业观众参展，同时为参展商及其产品提供宣传机会，案例企业与媒体机构开展合作	114
2	行业协会	为了更有效地吸引不同行业的参展商及专业观众参展，案例企业与行业协会合作，吸引其会员参展	67

续表

序号	概念	概念内涵	参考点数量
3	投资或采购机构	M科技展具有促进高新技术成果转化及产品交易的职能，案例企业与投资或采购机构建立联系，吸引它们参展	57
4	园区机构	园区内的企业可以成为展会的专业观众或展商，案例企业积极与它们开展合作	36
5	政府部门	M科技展是一个政府举办的展会，案例企业通过政府相关部门调动各类资源办展，其形式包括相关部委举办论坛或会议、承办主题展区，省市动员区域内企业参展，Y市政府统筹全市相关部门资源，共同为M科技展的举办提供保障等	113
6	外聘单位	与案例企业签订合作协议，肩负为公司提供辅助服务的职责，合作是以获取经济利益为目标	21

网络渗透

媒体机构
- 扩大了媒体推广的范围，在Y市做得全面，在电视、广播、报纸、地铁、交通工具等都做了；在全国范围内，北京、上海、广州和Y市等地通过电梯广告的方式做了广告投放；海外专业报道通过中国香港媒体和美通社做了报道
- 发布会才做了两年，从今年的情况看，媒体的数量比去年增加，每场有5~7家

行业协会
- 现在三号馆有个行业协会，我们这边二号馆也有一个什么电子圈之类的。这种有行业的，搞了一些行业研讨会，搞了很多专业化的活动
- 尽可能地交给合作单位去做，比如说，去找一些手机协会啊、高新技术协会啊，我们会寻找外部的这些商业协会，由他们来代表我们组织观众来参观

投资或采购机构
- VIP观众包括三类，一是专业的投资机构，二是专业的买家，三是连续3年参展的专业级观众
- 如果有连续3年申请并且到会的话，我们给他升级，就是VIP观众采购平台手上有一些买家资源，我们会邀请他们的采购商来现场。展区根据这个采购清单，有意向的组织报名，然后我们来组织现场的搭建

园区机构
- 最后是高新技术园区专车，我们在团体观众邀请方面，重点是国内各个高新技术园区，今年受领导指示，我们重视深圳及周边地区的高新技术园区，有部分已经成为专业观众
- 每一个片区大概有什么样的企业，合作单位给我们提供大概的范围，比如在哪些园区什么样的企业集中比较多，我们相应地投放不同的广告

网络渗透
├── 政府部门
│   在本届 M 科技展继续设置先进制造展区，天津、江苏、江西展团响应号召，组
│   织先进制造企业近 100 家
│   希望他们尽可能把行业收窄，省市也是，经过 2~3 年努力，已经有成效，大部
│   分省市在年初发文的时候，组展主题设定在 2~3 个，限定不超过 5 个行业
│   最关键的是各相关司局，然后到我们这里也是通过市府办的各部门发出去的
│   Y 市组委会秘书处组织各相关单位，在市民中心开会，届时市长做一个动员讲话
│   M 科技展有它自己的特色，这跟我们的行政体制有关，如果当时没有国家部委
│   对我们的支持，M 科技展也发展不到现在这个阶段
│   请更高层领导或者是通过 XX 部请国家领导，就是通过我们的主办部委来请这
│   些领导，至于请到谁我们都不了解
│
└── 外聘单位
    我们一方面发挥自己的潜力，另一方面充分利用社会资源、社会服务机构。我
    们几个部门在这几个方面，最大限度利用社会机构为我们提供有效的服务
    今年采取招标、外包方式，第一次实施招标。第一次合作的单位使用 CIS 系统
    发送电子订票，直接对他们进行培训，电子票有个现场登录，然后直接发票，
    这个工作由合作单位完成

图 6-2　范畴"网络渗透"相关概念代表性的译码参考点

3. 外部合作者为案例企业展览提供服务

"外部协作"是指案例企业向参展商提供服务的过程中，外部合作者对其提供了系列协助。该范畴包括 5 个概念，即"服务外包""协助邀请观众""协助招展""协助推广""活动协助"（见表 6-3 和图 6-3）。对其内容进行分析发现，它们可以按照案例企业展览服务产品所包括的服务项目进行分类，即可以归为展商组织、观众组织、活动组织、宣传推广和配套服务 5 个面向。案例企业所掌握的参展商、专业观众等资源有限，因此与行业协会等建立了合作关系，邀请行业协会的会员参展或作为专业观众与参展商进行交流等；此外，案例企业还与行业协会合作设立展区、合作举办论坛等；省市团组及相关部委也利用行政资源，为案例企业组织展会提供服务，在展会现场设立省市及国家部委展区等。

表 6 – 3 范畴"外部协作"的内涵及包括的概念

序号	概念	概念内涵	参考点数量
1	服务外包	案例企业因人员或资源有限,将部分服务内容或业务等承包给外部单位或机构,引入外部合作者资源	13
2	协助邀请观众	观众部门人员有限,且 M 科技展行业覆盖面广、符合要求的专业观众难以识别等,要求与协会等建立合作,共同邀请观众	16
3	协助招展	招展部门任务繁重,需要与外部单位或机构建立联系,协作招展或设立合作展区等	22
4	协助推广	推广部门的宣传推广工作需要借助专业机构的资源优势,在各媒体平台上发布展会信息等	10
5	活动协助	活动部门认为自身的组织活动有限,可以吸纳专业机构或动员合作单位,协助论坛、会议及馆内活动的开展等	15

外部协作
  服务外包
    餐饮都是外面引进的,不是我们自己做,公司只是一个平台。我们把它引进来由他们来经营,我们只是管理
    我们 IT 展的专业观众有没有可能把它外包出去,给协会或者类似的外包一部分出去,打包,作为专业观众外包,让他们去组织
  协助邀请观众
    通过商协会及行业协会,组织他们的会员来参展,也是我们今年做的一个尝试,我们现在 Y 市的行业协会对此还是很积极的
    这个需要合作单位的配合,比如说,去找手机协会啊、高新技术协会啊,我们会寻找外部的这些商业协会,由它们来代表我们组织观众来参观
  协助招展
    我们部门召集各个行业来开会,今年也是第一次做这样的事情,动员他们参与 M 科技展,组展啊,做些活动,包括参观,很多协会联系参观。按照我们这边的安排,1 月底,我们商协会还要再开一次会,现在正在做方案,把去年商协会参与 M 科技展的情况做个介绍,让他们早做准备,哪些做展,哪些做会
    利用政府、协会、企业联合打造专业展示平台,发挥各自优势,调动协会积极性,打造 M 科技展最亮的亮点展区

从传统媒体和新媒体两个方面做介绍。在传统媒体方面，今年新增加的一些广告

协助推广 {
单位，比如市委宣传部、公益广告方面做了比较多的投入，今年我们通过公开招

标的方式确定将国通广告作为合作单位

外
部
协
作 {
这些合作单位带有媒体资源，它们在我们的网站上没有推广机会，比如世界买家

网，它本身是商务部下属的、带有一定政府官方色彩的贸易平台，它的很多子页

面做了 M 科技展网络链接

亮点展区的打造，离不开举办相应的活动和研讨会，缺一不可。从亮点展区的规

划情况来看，每个展区都有配套的论坛和研讨会，还有活动，比如智能穿戴论坛、

智慧家庭发展论坛等

活动协助 {
同时 Y 市智慧家庭城市也举办了中国智慧家庭高峰论坛研讨会，我们重点策划的

专区成为展商现场，成为媒体和观众共同关注的焦点，为本届 M 科技展打造了一

个亮丽的专区

图 6 - 3　范畴"外部协作"相关概念代表性的译码参考点

4. 不同外部合作者对应为具体的操作性资源和对象性资源

案例企业内部资源整合过程分析结果表明，案例企业根据展览服务项目成立不同的部门，最终"部门"成为公司容纳特定服务操作性资源和对象性资源的"容器"。在"网络渗透"中，本研究发现案例企业基于特定的服务项目，与外部单位或机构建立合作关系，其目的是整合外部合作者在相关业务上的操作性资源或对象性资源。例如，媒体机构在宣传推广方面的渠道或技术资源、行业协会具有　定量的会员企业、投资或采购机构具有资金或买家资源、政府部门可通过行政力量召集企业参展等。最终，案例企业积极与各外部单位或机构建立了合作关系（见图 6 - 4），此时外部单位或机构可视为特定操作性和对象性资源的"容器"。由于这些资源被其他主体所拥有，案例企业对其无管理权限，因此双方能否建立良好的合作关系，使外部单位或机构参与到案例企业相关服务项目的提供过程中成为外部资源整合的关键。

（二）外部资源整合的措施及"顾客参与"

1. 服务的提供需要加强内部管理

"合作管理"是指案例企业和外部合作者为了提高合作效率，更好

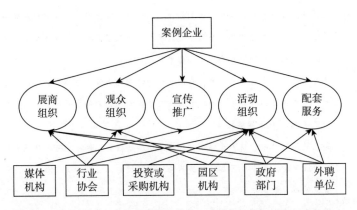

图6-4 外部合作者携带资源参与案例企业服务项目的提供

地为参展商等提供服务,采取了系列合作管理措施。该范畴包括7个概念(见表6-4和图6-5),对这些概念进行分析发现,它们可按照外部合作者在制定管理措施方面的地位或作用划分为企业独立管理和合作者介入两个面向,前者表示案例企业主导或独立制定相关合作措施,对合作单位实行管理,相关的概念为"制定计划""区别对待""改变组织模式""考核合作""合作展区独立";后者指案例企业在与外部合作者向参展商提供相关服务的过程中,采取了与合作者共同协商的方式,以增强双方的合作效果,涉及的概念包括"成立组委会""市领导协调"。通过录音文本资料对两个面向所涉及的概念进行分析,发现"成立组委会"一般发生在案例企业处于强势地位的合作关系中,如与外聘单位的合作;需要"市领导协调"一般存在于合作双方的地位相等或外部合作者的地位高于案例企业的关系中,如政府部门的介入,案例企业主要以市领导召开专门会议、由市领导统一部署的方式对相关政府部门进行协调。

表6-4 范畴"合作管理"的内涵及包括的概念

序号	概念	概念内涵	参考点数量
1	制定计划	案例企业制定合作计划,便于双方合作事项的开展	14
2	区别对待	案例企业对不同合作者采取不同的合作政策,给予不同的优惠措施	8

续表

序号	概念	概念内涵	参考点数量
3	改变组展模式	受宏观政策及展览行业竞争加剧等方面的影响，案例企业改变以往依托政府招展及按省市组展、布展的模式，改由向市场化方式招展及按行业布展为主	5
4	考核合作	案例企业对合作者提供的服务进行考核，以提高合作者的服务质量和效果	11
5	合作展区独立	M科技展各展区间因为独立招展和组织专业观众等，导致展区在主题、吸纳展商参展及定价等方面存在分歧	8
6	成立组委会	M科技展的举办有多个国家部委介入，最终采取了成立组委会的方式，协调各成员单位等	24
7	市领导协调	M科技展采取由市长召开协调会或成立现场指挥部等方式协调Y市各部门为展会的组织提供保障	10

合作管理

制定计划
新媒体有个工作展望，我们希望微信有个全年内容推送计划，下一步希望把微信做成一个服务的平台

通过电子邮件把他们需要的参展面积、服务需求，以及今年的计划等各方面了解清楚，为我们自己今年的规划打下基础

区别对待
我们根据团体观众来的人数及层次，包括合作单位能够付出的工作量做出计划，有些单位愿意支持，如派人。我们在高端嘉宾用餐方面，如果组团有100来人，而且基本是中层领导，在50%以上，我们会派专车

我们大会在内部资源配置上，能不能分级配置，比如自招的专业和对外的承包，还有一些其他的合作方式，在资源配置上拉开差距。收入的报价也是不一样

改变组展模式
未来M科技展的展览是个什么架构，从内容结构上是个什么模式，三个专业展＋国家、省市技术展＋外国展区，未来是个什么模式需要我们思考，可能需要新的模式，比如未来省市技术展还有没有，也许就没有了，也许就分散到各个专业展区去了

技术展作为综合性展览，面对专业化的发展趋势，我们也是一直在积极探索专业化的道路，包括组展模式及服务管理方面

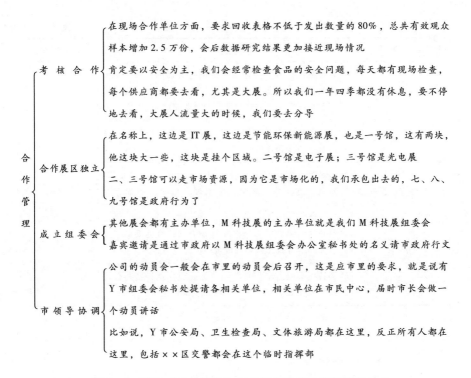

在现场合作单位方面，要求回收表格不低于发出数量的80%，总共有效观众样本增加2.5万份，会后数据研究结果更加接近现场情况

肯定要以安全为主，我们会经常检查食品的安全问题，每天都有现场检查，每个供应商都要去看，尤其是大展。所以我们一年四季都没有休息，要不停地去看，大展人流量大的时候，我们要去分导

在名称上，这边是IT展，这边是节能环保新能源展，也是一号馆，这有两块，他这块大一些，这块是挂个区域。二号馆是电子展；三号馆是光电展

二、三号馆可以走市场资源，因为它是市场化的，我们承包出去的，七、八、九号馆是政府行为了

其他展会都有主办单位，M科技展的主办单位就是我们M科技展组委会

嘉宾邀请是通过市政府以M科技展组委会办公室秘书处的名义请市政府行文

公司的动员会一般会在市里的动员会后召开，这是应市里的要求，就是说有Y市组委会秘书处提请各相关单位，相关单位在市民中心，届时市长会做一个动员讲话

比如说，Y市公安局、卫生检查局、文体旅游局都在这里，反正所有人都在这里，包括××区交警都会在这个临时指挥部

图6-5 范畴"合作管理"相关概念代表性的译码参考点

2. 通过系列创新行为，引导外部合作者参与

"价值创造"是指案例企业在分析顾客及外部合作者利益及需求的基础上，通过多种合作方式与外部合作者协作，共同为参展商创造价值。该范畴包括了10个概念（见表6-5和图6-6），对这些概念进行分析发现，它们体现了案例企业与外部单位或机构的合作内容，由于双方合作关系的建立是基于案例企业的服务项目或业务，因此该范畴可划分为展商组织、观众组织、活动组织、宣传推广、配套服务5个面向，如"商务合作"表示案例企业组织参展商到Y市的高新技术园区参观，推动园区企业和参展商之间信息交流，寻找潜在合作机会等；"展商互动"实现了参展商内部寻找合作机会，它们均属于面向"展商组织"的价值创造活动；"主题路线""展商配票"可以方便观众参观或带来更多的观众，体现了面向"观众组织"的价值创造活动等。

表6-5 范畴"价值创造"的内涵及包括的概念

序号	概念	概念内涵	参考点数量
1	会议带来观众	案例企业鼓励各合作者在展览现场举办与展览主题相关的会议，认为参会观众都是展览潜在的专业观众或展商	16
2	商务合作	案例企业提出Y市产业园区内的高新技术企业对外地参展商和观众具有吸引力，组织园区企业接待外地展商或观众参观	5
3	信息发布	案例企业将馆内部分公共面积布置成展品信息发布场地，由展商举行新品发布等	5
4	主题路线	案例企业将馆内同性质的展商组成一条参观线路，带领报名的专业观众参观	4
5	采购洽谈	案例企业与专业的采购机构合作，邀请其到展览现场发布采购信息，展商须报名参加活动	18
6	融资洽谈	案例企业与专业的投资机构合作，组织有融资需求的高新技术企业进行路演等，搭建资本市场与技术之间的桥梁	8
7	撰写新闻稿	案例企业邀请新闻媒体播报参展商展品信息，并积极提供新闻稿，为展商提供宣传机会	13
8	展商广告	案例企业将部分展会的广告宣传资源与展商共享，在宣传展会信息的同时，宣传展商及其展品等	2
9	展商互动	案例企业提出馆内不同展商间具有建立合作关系的可能，因此积极撮合双方合作	4
10	展商配票	案例企业提出每个展商都有一定的客户资源，因此鼓励参展商邀请其客户参展，以扩大展会专业观众规模	10

价值创造
{
会议带来观众
{
2014年中外工程师论坛被引进，当时引进是因为它涉及中国港澳台地区以及新加坡，另外还涉及国外其他城市，如果通过在M科技展举办，吸引他们的成员到M科技展

既然会是跟M科技展配套的，那专业观众的组织也是配套的，有很大可能是我们潜在的观众，起码是行业内的
}
商务合作
{
专业展推荐了两家代表性的新单位，即中广核和低碳城，这个活动进一步促进了各展区、展商、观众、深圳高新技术之间的交流和合作

山东制造与低碳城达成了合作意向，今年的商务考察活动作用不可小看，我们明年继续优化服务
}
}

价值创造

信息发布
从前年开始，我们又增加了信息发布活动，实际是我们来安排场地，设置一些硬件条件，由发布方来自行组织，不挂我们组委会的名，也是组委会、M科技展期间的重要活动

信息发布，今年的媒体组织，比第15届好，但第十五届反馈很好，有媒体，又有场地，他们自己很开心，自己也有组织

主题路线
主题参观路线活动是去年就已经开始的，得到了香港特邀观众的追捧。香港团在参观过程中，问的细，而且对路线有要求，希望按照他们的要求，问完后再走，所以今年行走的时间长，往年70分钟，现在2个小时

主题参观路线，十五届的时候，有几个报名了，老追问，参观的队伍怎么还没来

采购洽谈
在买家方面，组织了大量的活动，提供现场自己看以外，我们跟慧聪网合作的买家采购洽谈会

采购洽谈会参展商也要提前报名。因为采购商的数量有限

融资洽谈
我们今年新做的创业投资展示洽谈区提供免费展位，在设计搭建、展板制作、办证和赠票上都有各种优惠，创投机构拎包入场洽谈

项目融资路演会持续爆棚，投资商的关注度很高，每年有上百家。我们以后有机会在会上做开拓，做大，征集更好的项目参加路演

撰写新闻稿
最后一部分是新闻软文系列以及特约评论员文章。我们有大量的素材，尤其这里面的特约评论员文章，去年完成的是240篇，特约评论员的项目我们开展有3年了

对于M科技展主办方来说可以关注一些东西，定期发一些邮件给一些记者，就是发一些通讯新闻稿，比如说有些参展项目的最新进展

展商广告
我们今后做宣传报道、市场推广、电梯广告能不能和展商进行捆绑。今后的推广不可能每次都是M科技展logo及内容，是不是可以根据展区的发展做些预报，与展商捆绑推广

展商有什么需求，我们就去做，包括给展商提供了一些媒体的资源、一些版面，这些都是市场推广的深度发展

展商互动
我们在线下帮展商和组团重点对接洽谈活动，比如中山大学、武汉大学跟海外团组进行线下对接，包括展商之间互相参观，每年都做，都取得了好评

积极为国内及海外交流牵线搭桥，中科院、清华大学、大连理工大学向海外发出邀请，与俄罗斯的科教部进行了交流，形成会展内不同展区展商之间的良好互动交流

价
值
创
造
{ 展商配票 {

今年我们尝试了使用电子票。从理念上讲，展商组织来的观众就是同类展商的
优质观众，这是我们去年 CEBIT 参展后得到了强化，展商之间互相利用对方的
资源，这块需要我们以电子票为手段

我们这边是按照一个展台多少张票，证是按照面积来的。比如说两平方米一
个证

图 6-6　范畴"价值创造"相关概念代表性的译码参考点

3. 案例企业与外部合作者之间存在分歧

"合作冲突"是指案例企业在与外部单位或机构合作的过程中，因利益分歧存在合作冲突，最终影响了合作效果。该范畴包括 3 个概念（见表 6-6 及图 6-7），对这 3 个概念产生的原因进行分析，发现由于合作双方重视自身的利益，导致对方的利益受损或成本增加，该范畴有两个面向，即利益减少或任务增加。例如，展区合作者为了吸引更多展商参展，单方面调低招展价格，影响其他展区的收益，产生"价格矛盾"；各展区为了更好地组织展览，往往会突破原来确定的招展范围，争夺其他展区的展商，产生"主题竞争"。在任务增加方面，部分政府部门期望以省份为单位布展，案例企业认为这种模式使展会"专业性降低"，但如果按行业进行招展和布展，将增加相关政府部门的工作量及组展难度等。

表 6-6　范畴"合作冲突"的内涵及包括的概念

序号	概念	概念内涵	参考点数量
1	价格矛盾	各展区在对外招展价格等方面难以统一，产生价格矛盾	8
2	主题竞争	各展区都有相对明确的主题，而主题的范围直接影响招展涉及的行业，导致各展区产生扩大展区主题的现象，产生竞争	5
3	专业性降低	案例企业希望通过专业化方向发展提高展会的吸引力，但按行业组织展商参展为合作单位的招展工作增加难度，而合作者不按行业招展又影响了整个展会的专业性	10

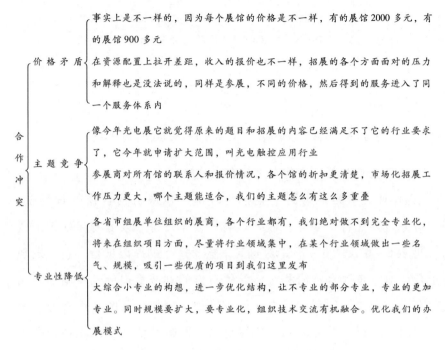

图6-7 范畴"合作冲突"相关概念代表性的译码参考点

4. 服务提供及合作的实现须借助相应的新技术

"新技术运用"是指案例企业为了提高服务效果，在展览组织过程中不断引进新的技术或设备，改善服务设施等。录音文本资料分析结果显示，该范畴包括6个概念（见表6-7及图6-8），按照技术革新的程度，该范畴具有两个面向，即技术改善和技术创新，技术改善包括了概念"云呼叫中心""邮件推广""自媒体建设""常证管理""电子公文系统"，以"常证管理"为例，案例企业改进了参展商入场方式，以往每届展会参展商都需要重新注册并领取参展证件方可入场，目前案例企业提出更新入场扫描设备，实现展商通过扫描身份证即可入场等。技术创新体现为"CIS系统"，案例企业在征集多方需求的基础上，设计、开发了新的信息服务平台，可实现参展商远程终端制作、发放电子门票，实现参展商在线搜寻专业观众，并与之交流信息等。

表6-7 范畴"新技术运用"的内涵及包括的概念

序号	概念	概念内涵	参考点数量
1	云呼叫中心	案例企业设立了综合信息服务平台，及时、快捷地为专业观众及参展商等客户提供咨询服务	1
2	邮件推广	为了更好地组织专业观众参观M科技展，案例企业在建立专业观众数据库的基础上，通过电子邮件对观众进行邀请或回访	17
3	自媒体建设	为了提高展会宣传效果，案例企业积极建设及维护展会网站，开通展会微信、公众号等，并通过这些渠道发布展会信息	10
4	常证管理	为了便于顾客参加展览，案例企业提出对于持续参展的展商或专业观众，保留其注册信息，在下次参展过程中持特定证件就可参展	6
5	电子公文系统	案例企业与市区其他政府部门可以通过特定网上办公系统，实现信息的传递	2
6	CIS系统	案例企业为了提高展商和专业观众的信息交流效果，便于参展商和专业观众报名参展等，开发了全新的客户信息管理系统，可实现展商与观众在线交流，在线提交参展资料等	25

新技术运用

云呼叫中心 { 我们今年首次采用票证咨询云呼叫中心，是为了向国际化大展看齐，与中国电信看齐，租用电信设备，呼叫服务在电信，开展呼叫管理

邮件推广 { 自1990年积累的百万级数据，包括许可式邮件、邮寄资料、展会通讯、展期快讯、短信通知等形式，直接送到观众及展商手中，今年发送电子邮件900多万封

在邮件回访方面，我们也会对数据库做清理。有一些新的数据我们会录入，发生变动的数据就更新

自媒体建设 { 继续加强自有媒体建设，我一直想把"有"字去掉，实际上就是案例企业的自媒体，现在是比较强调自媒体的年代，所谓自媒体就是包括网站、微博、微信等

利用好当今的一些媒体新趋势，以微信传播的形式，来提高我们的内容营销的手段

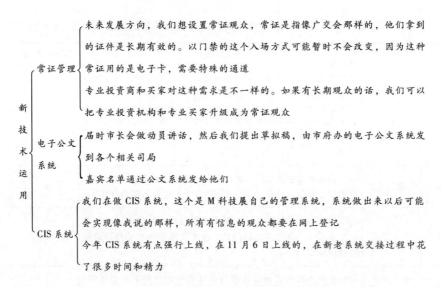

图 6-8　范畴"新技术运用"相关概念代表性的译码参考点

5. 顾客行动类范畴

"顾客参与"是指案例企业在向参展商提供展览服务的过程中，参展商需要配合案例企业，主动参与到服务提供过程中，以获取相应的服务价值。对录音文本资料进行分析、总结，发现该范畴共包括了 5 个概念（见表 6-8 及图 6-9），对这些概念所包括的内容进行分析，发现它们可按照展览服务进程划分为展前、展中及展后三个面向；其中展前阶段，参展商需要搜寻展会信息、向展览企业提供各种申请资料等，同时在展前邀请自己的客户参展，以提高参展效果等，对应概念的"展商申报""邀请观众"；在展览现场，参展商主要从事各种信息交流活动或在展会现场举办会议或论坛等，对应概念"展商办会""信息交流"；展会后期，参展商将"反馈效果"。

表 6-8　范畴"顾客参与"的内涵及包括的概念

序号	概念	概念内涵	参考点数量
1	展商申报	参展商按展会要求提交相关申请资料，准备并运输相关展品，为参展做好准备等	5
2	邀请观众	参展商将案例企业配发的电子票发送给自己的客户，邀请客户参展，提高客户对自身产品的认同感	4

续表

序号	概念	概念内涵	参考点数量
3	展商办会	参展商在展览现场租赁场地组织会议等，其目的是为了更好地与专业观众进行信息交流，同时宣传公司及其展品等	5
4	信息交流	为了取得更好的参展效果，参展商在展会现场，或通过 CIS 平台等，或参与论坛等，与专业观众进行信息交流	9
5	反馈效果	为了推动案例企业提高展会质量，以确保在自己下次参展时获得更好的参展效果等，参展商在展会结束后将自身的展会评价信息反馈给展览组织者	5

顾客参与

展商申报
- 怎么样从劳动密集型向自动自助化现场服务方向发展，为什么强调预登记观众、团体观众、电子票还有绿色通道等有效资料观众信息。重视有效资料量、观众忠诚度、到会率
- 推广电子票有个循序渐进的过程，现在需要为客户提供很多资料，会有很多不适应，怕麻烦

展商办会
- 展商展团自己组织的活动列入大会日程，包括各主办单位、各个展商、团组以及小微企业的展商，都参与大会组织的活动
- 展商和展团这几年在展馆内举办活动的数量减少，有的展商对自己的参展取向做了调整，有的展商办会敲定的时间很晚，没有场地

邀请观众
- 展商组织来的观众就是同类展商的优质观众，去年 CEBIET 参展后我们对此进行了强化，展商之间互相利用对方的资源
- 电子票给的时间更晚，展商没时间发送给客户，跨国公司无法邀请客户，他们直接拒绝。接受的企业，发票的积极性不高

信息交流
- 我们的商业模式是做群对群的生意，不是点对点，一批观众、展商、媒体、合作者自己去撮合，不可能做一对一的服务，主办单位指的是交流平台
- 活动组织方设计初衷是希望活动组织方能够自己维护互动信息。在平台上，信息上传到系统后，在网上展会公布，观众和展商能看到最新的各方面活动信息

反馈效果
- 经过与后期预展商的沟通，"节新展"展商表示专业观众增多，问的问题比较专业
- 有展商反馈说，应该把现场媒体的发稿进行集中的反馈，他们见了媒体以后，不知道稿件有没有发，发到了哪里，有很多展商想知道

图 6-9 范畴"顾客参与"相关概念代表性的译码参考点

二 价值创新是外部资源整合的动力

（一）"网络渗透"成为企业外部资源整合的主范畴

合作单位介入类范畴较好地揭示了案例企业外部资源整合过程及采取的措施，笔者通过主轴译码、选择性译码等过程归纳案例企业外部资源整合的规律。在主轴译码阶段，笔者参照案例企业内部部门间资源整合过程的分析，将内部管理和展商行动类范畴视为附属范畴。笔者对案例企业外部资源整合过程进行了分析，发现"网络渗透"能够较好地连接各范畴和概念，可作为主范畴。

案例企业通过对行业发展情况及展览业政策等进行分析，同时积极与其他展会进行比较，总结自身发展过程中的经验教训以及未来的机会何在。该过程激发了案例企业与媒体机构、行业协会等外部单位或机构合作，建立完善的合作网络，以更好地积累专业观众资源、更好地为展商提供宣传推广等服务，形成了"网络渗透"。在该过程中，案例企业使用新的技术或设备，如通过 CIS 系统及电子公文系统等，实现参展商在线提交参展资料，与省市团组、市政府等相关合作单位或机构即时交流信息等。此外为了规范和强化彼此之间的合作关系，案例企业加强了"合作管理"，并通过"价值创造"满足外部合作者的需求，最终达到"外部协作"的效果；但由于合作机制或合作管理过程中存在一些问题，案例企业与外部单位或机构也存在合作冲突（见图 6 - 10）。

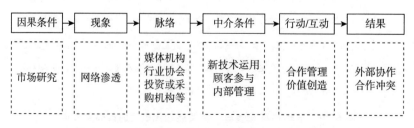

图 6 - 10 "网络渗透"成为外部资源整合的主范畴

（二）"利益统一，价值创新"是案例企业外部资源整合的规律

1. 案例企业与外部单位、机构代表性的合作事项

主轴译码分析结果表明，案例企业的外部资源整合出现了"外部协作"及"合作冲突"两种现象。在归纳案例企业故事线之前，本研究通过 NVivo 的矩阵查询功能，检索案例企业与外部单位或机构的合作事项及合作结果，这有助于揭示产生这两种合作结果的原因，有利于案例企业外部资源整合故事线的形成。运用 NVivo 软件案例节点矩阵查询功能，案例企业与外部合作者共同译码参考点数量（显示双方业务连接或关联情况）情况见表 6-9。

表 6-9　案例企业与外部合作者资源整合矩阵查询结果

外部合作者	案例企业
政府部门	84
外聘单位	17
行业协会	49
媒体机构	52
投资或采购机构	46
园区机构	34

本研究基于案例企业与外部合作者之间的共同译码参考点，选择有代表性的访谈揭示案例企业与外部单位和机构合作在资源整合过程中存在的问题或难点。

（1）政府部门参与 M 科技展反映的代表性事项

①以 ×× 部为主发的这个文件，今年不发文了，主要是通过 Y 市的发文渠道，以 M 科技展组委会的名义，更加市场化，用市政府的发文渠道发到各个省请他们来参展。

②×× 部新能源汽车展，×× 部美丽乡村展，×× 局以物联网作为重点展示内容，×× 院以新兴战略性产业为主，对行业进行规划。

③各省市团组展区所有项目的筛选由他们自己来做，我们只是跟他

落实省部来参展。我们和他进行相关的联系，通过一些组团在六七月举办一个组团工作会议，把组办的省市高校的代表都邀请来，做一个 M 科技展的动员，相当于部署一下 M 科技展的相关事宜。会后我们会把组展通知等相关的组展的要求发给团组，他们就按照我们大会的相关文件精神去做。

④因为二号馆三号馆是比较专业的他看不懂，他想看的就是一号馆和四、五、六、七、八、九号馆，因为这些馆一到后面就是卖东西的了。因为是省市办的，省市都会带来一些特产或者它们的一些优势的东西，到时候都不想带回去，现场全是卖东西的了。

⑤M 科技展是综合性展会，原来的打算是尽量搞发布会和展览；专业展的内容要配套，尽量挑选项目跟 M 科技展展品相关。但各省市的组展单位组织的展商，各个行业都有。部委和省市展区参展的自主权不在我们手上，他们的数量，即部委和省市的数量是固定的，没有选择余地，企业展区可选择余地大。

⑥公司的动员会一般在市里的动员会后召开。我们也是应市里的要求，由 Y 市组委会秘书处提请各相关单位市民中心开会，做一个动员讲话，然后我们提请了草拟稿，获得通过后用电子公文系统发到各个相关司局。

（2）外聘单位参与 M 科技展反映的代表性事项

①最大限度利用社会机构为我们提供有效的服务，一方面使我们自己的短处得以弥补，另一方面可以发挥社会组织的专业性。比如信息发布，找一些社会资源去做；再比如今年的观众票证方面也委托了第三方做服务；还比如微信推广做得很有特色，跟我们利用专业机构推广有很大关系。

②合作单位负责的展区发展势头都挺猛的，像今年光电展原来的题目和招展的内容已经满足不了它的行业要求了，今年就申请扩大范围，叫光电触控应用，与 IT 展的主题接近。

③关于 IT 展的问题，我的担忧是，如果明年××公司继续举办，

这个馆对我们 IT 展冲击很大。把原来的方正、中信、百纳九州，统计在一起，有将近 10 家，近 1000 平方米，借着这个会议，引起各个同事的关注。要考虑案例企业自己主办的展会主题，尽量避免出现冲击。

（3）行业协会参与 M 科技展反映的代表性事项

①我们在招展过程中发动了很多单位，包括商协会等，比如绿色建筑协会，组织了 300 个专业买家，他们来了后，直接到了展区去。另外，今年能否再办一场专业协会会议，有没有可能推广到全国，找比较有实力的行业协会来进行合作。

②最重要的是我们吸引了 Y 市两个行业协会，在智能家居方面有 Y 市智慧家庭行业协会和 Y 市智能工业协会参加，智能工业协会展示的展位面积达到 500 平方米，收入接近 100 万元。

（4）媒体机构参与 M 科技展反映的代表性事项

①最后一部分是新闻软文系列以及特约评论员文章。我们利用去年做过的推广和网站更新的内容、新闻以及特约评论等做了 M 科技展的动态，去年这部分新闻素材也是由各个部门积极配合，才有这些大量的素材，尤其这里面的特约评论员文章，去年完成的是 240 篇，特约评论员的项目我们开展了有 3 年了，这一年完成的特约评论员文章是最多的。

②我们尝试和探讨媒体圈的建设与发展，与媒体洽谈，开展展位资源互换与合作活动。每年的 IT 展都有一些媒体合作的推广。有的媒体在我们网站上没有推广机会，比如世界买家网是商务部下属的、带有一定政府官方色彩的贸易平台，它的很多子页面做了 M 科技展网络链接，而我们只能在整个首页，老网站最下方的合作推广那里设一个比指甲盖稍微大一点的地方放人家 logo，这个不对等。大型网站和媒体资源要专门有一个友情合作媒体网页。

（5）投资或采购机构参与 M 科技展反映的代表性事项

①找一个合作单位。去年是慧聪，前两年是其他平台，他们手上有

一些买家资源，我们会邀请他们的采购商来现场。展区根据这个采购清单，组织现场的搭建。所有的这种物资准备让买家和展商在这个固定的时间段进场洽谈。

②我们去年组织交易促进活动，将项目融资路演会、培训会等单独列出来，征集参会的观众和参会的企业，开展项目配对洽谈会，我们那么多年办下来，受关注的程度开始下降。但项目融资路演会持续爆棚，投资商的关注度很高，每年有上百家，我们以后有机会在会上做开拓，做大，征集更好的项目参加路演。

（6）园区机构参与 M 科技展反映的代表性事项

①最后是高新技术园区专车，我们邀请的团体观众，重点是国内各个高新技术园区的。今年我们重视 Y 市及周边地区的高新技术园区，有一部分已经成为专业观众。

②在专业展方面推荐了两家代表性的新单位，即中广核和低碳城，这个活动进一步促进了各展区、展商、观众、Y 市高新技术之间的交流和合作。

2. 案例企业与外部合作者资源整合分析

根据矩阵查询结果，发现案例企业与外部合作者的利益是否统一，采取了哪种合作措施对双方合作关系的建立和发展有着重要影响。

（1）保持案例企业、外部合作者及参展商利益统一是双方合作及资源整合的关键

案例企业存在两种合作现象及两种类型合作关系，即"外部协作""合作冲突"和"行政力量介入""松散型合作关系"（见表6-10）。对它们进行分析发现，"合作冲突"具有合作双方利益不一致的现象，例如，在"行政力量介入"的合作关系中，虽然政府发文有利于招展，但案例企业与部委、省市等政府部门的合作存在利益不一致，政府部门设立展区，其主要功能或目的是展示国家相关行业最新成果或所在省份的优势产业等，在招展方面是以形象展示为主，因此在招展内容与展示形式方面与案例企业（保证经济效益）存在

分歧。"外部协作"现象是建立在案例企业、外部合作者和顾客利益统一的基础上，通过案例企业与行业协会、媒体机构、投资或采购机构、园区机构等外部单位或机构的合作关系得到体现。以"松散型合作关系"中案例企业与媒体机构的合作为例，案例企业归纳展商参展信息为媒体提供新闻内容（新闻软文），媒体为展商提供展品宣传的机会，而展商反馈案例企业利润，三者之间利益得到统一。

表 6 – 10　案例企业与外部合作者资源整合情况分析

合作类型	外部合作者	事件分析
行政力量介入	政府部门	相关国家部委作为 M 科技展的举办单位之一，可通过行政发文的方式动员省市参展，减少了案例企业组展压力，但双方的招展渠道及展示目标等难以协调、统一
		省市组团参展有效扩大了 M 科技展的规模，但各省一般是按照当地的优势产业或当地企业申报情况组织展览，在招展内容及布展形式等方面难以统一
		市区各部门按领导的要求统一提供相关配套服务，在行政力量干预的情况下，各部门协作为 M 科技展提供服务
松散型合作关系	外聘单位	外部单位或机构与案例企业的合作建立在互利及签订协议的基础上，双方关系相对较为稳定，而合作者为了扩大自身的利益，出现扩大招展内容等行为，损害组织者利益
	行业协会	行业协会与案例企业合作办展、合作办会，案例企业为协会会员提供参展机会等，双方一般属于临时或短暂性的合作关系，其合作建立在相互创造价值的基础上
	媒体机构	媒体机构发布案例企业提供的新闻稿及评论员文章，案例企业提供新闻内容等，双方一般属于临时或短暂性的合作关系，其合作关系建立在相互创造价值的基础上
	投资或采购机构	投资或采购机构到 M 科技展现场洽谈业务，案例企业为其提供项目或供应商，双方一般属于临时或短暂性的合作关系，其合作建立在相互创造价值的基础上
	园区机构	园区接待参展商的商务考察，案例企业为园区企业提供参展机会，双方一般属于临时或短暂性的合作关系，其合作建立在相互创造价值的基础上

（2）创新资源使用方式，实现案例企业、外部合作者利益最大化，使合作关系得到强化

熊彼特提出了五种创新方式，即采用新的产品、相同的产品采用新的生产方法、开辟新的市场、使用新的材料和实施新的组织模式。[①] 根据这五种方式对案例企业资源整合方式进行分析，发现它们与第二种创新方式有一定的相似性，即在新的情境下，创新性地改变资源的使用方式，使其产生新的价值。本书将这种模式下带来顾客及外部合作者价值增加的现象称为"价值创新"。以案例企业与行业协会、媒体机构、投资或采购机构、园区机构等外部单位或机构的合作为例，案例企业将行业协会的会员、投资或采购机构、园区企业引入展会现场，使其转变为专业观众资源；将媒体发布的新闻稿转变为宣传资源等，最终在保证资源原有功能得到发挥的情况下使它们产生了更大价值。对案例企业与国家部委、省市团组、市区部门等政府机构的合作内容进行分析，发现"价值创新"范畴未与上述外部单位或机构建立联系，同时发现展览活动的举办并不能给上述单位创造额外的利益（政府部门属于非营利机构），案例企业主要借助"行政力量"动员其参与展览举办等，容易出现激励机制不足等问题，如省市团组在按行业主题组织展览方面积极性不高等现象。

笔者基于上述案例企业两种合作现象的分析，对案例企业外部资源整合的故事线概括为：是为了整合各种资源以更好地为参展商提供服务。案例企业在市场调研、了解外部合作者及顾客的利益及需求后，一是确保案例企业、外部合作者、参展商等主体的利益统一，构成一条利益链；二是通过改变资源使用方式，实现价值创新，使其产生更大的效用，同时满足案例企业、外部合作者及参展商等主体的利益诉求，确保案例企业及外部合作者整合各自资源共同为顾客创造价值。而在未与合作单位建立利益共同体的情况下（在与外聘单位的合作过程中，如果

---

① 约瑟夫·熊彼特：《经济发展理论——对于利润、资本、信贷、利息和经济周期的考察（第一版）》，何畏、易家详等译，商务印书馆，1990。

双方在利益固定的情况下寻求自身利益最大化，则不属于利益共同体），双方之间的合作关系容易产生冲突或矛盾。在该过程中，案例企业加强合作管理、制定合作计划等，同时强化内部管理、使用新技术、鼓励顾客参与等。

笔者基于以上分析认为，"网络渗透"这一主范畴虽然表达了案例企业与外部单位或机构建立合作关系的结果，但并没有揭示合作关系建立的机制，因此不适合作为核心范畴。笔者基于案例企业故事线，将其概念化，产生"利益统一，价值创新"这一核心范畴。借鉴典范模型，将核心范畴与其他范畴建立了联系（见图6-11）。

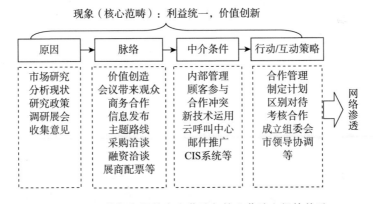

图6-11　外部资源整合主范畴与核心范畴之间的关系

（三）"利益统一，价值创新"模式下外部资源整合特点分析

本研究采用扎根理论分析方法，将案例企业整合外部合作者资源，共同为顾客创造价值的规律归纳为"利益统一、价值创新"这一核心范畴。对案例企业资源整合过程做进一步分析发现："利益统一"是建立价值网络的基础，"价值创新"利用资源用途多样性的特征，丰富了构建价值网络的途径，能较好地适用于服务主导逻辑所描述的合作企业间关系具有临时性及短暂性的特征，具体表现如下。

1. "利益统一"是建立价值网络的基础

根据服务主导逻辑，企业应整合外部合作者的资源，构建价值网络，共同为顾客创造价值，同时该理论认为顾客是服务价值的决定者。在该理念下，服务的提供是以顾客对服务的认可和消费为终点，服务或产品只携带潜在的使用价值；而传统的服务或产品生产观点认为，产品的生产、流通、销售等环节可独立产生出价值，最终各企业按自身的标准提供服务，可能导致企业生产的产品或服务难以满足顾客的需要。"利益统一"强调企业对各类资源的整合应以分析、实现外部合作者、顾客的利益为前提，以满足顾客及外部合作者的需求为最终目标，因此可以较好地整合各类资源共同为顾客创造价值。在"松散型合作关系"中，案例企业满足了投资或采购机构寻找投资项目及采购物资的需求，外部合作者满足展商融资及寻求交易的需求，而展商最终给案例企业带来利润，最终统一了案例企业、外部合作者及顾客的利益，形成一条完整的利益链，有利于案例企业整合各方资源，实现共同为参展商创造价值的目标（见图 6 - 12）。

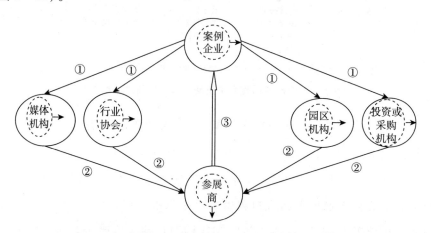

图 6 - 12 案例企业与外部合作者的价值网络

注：1. ① 表示案例企业向外部合作者提供利益，② 表示外部合作者向参展商提供利益，③ 表示参展商为案例企业带来利润，使价值网络成为相互传递价值的循环系统。

2. 虚线表示合作者资源原来创造的价值或利润；实线表示价值创新可带来价值或利润的增加。

2. "价值创新"利用资源用途多样性的特征，丰富了构建"价值网络"的途径

案例企业与外部合作者存在"松散型合作关系"，其合作关系表现出临时性及短暂性等特征，加大了资源整合的难度。笔者发现，与以资产专用性为基础的资源整合方式相比，案例企业充分利用了外部合作者资源用途多样性的特征，在保持资源原有性质或功能的情况下，创新性地改变资源的使用方式，使其产生新的、更大的价值。例如，引进媒体机构，在保持原有新闻传播功能情况下，将其转变为展览的宣传资源等，最终使外部合作者更方便地获取新闻素材，参展商获得更多的宣传机会，案例企业获得更多的利润。基于以上分析，笔者认为案例企业以资源用途多样性特征为基础，在展览服务这一特定情境下创新资源使用方式，降低合作成本（无须改变资源原来的用途），使资源产生更大的价值，确保了外部合作者、顾客及服务企业的利益，能较好地适应于服务主导逻辑所描述的临时性及短暂性的合作关系。

近年来，学者对"价值网络"等概念进行了系列分析，认为"价值网络"克服了传统"价值链"模式下各企业争取"在经济馅饼中得到最大可能的份额"，导致相互竞争；"价值网络"重视价值创造，目标是扩大价值总量。[1] 本研究所归纳的"价值创新"外部资源整合措施可进一步拓展价值网络的构建方式或途径。笔者对案例企业具体的"价值创新"方式进行分析，发现它与媒体机构及行业协会的合作存在一个共同特征，即案例企业发现媒体机构的新闻报道、行业协会办会可以为展览或参展商带来正面影响，表现出正外部性[2]，如媒体报道可以成为展会宣传资源，行业协会在馆内办会带来的观众资源可以成为展

---

[1] Kistruck G. M., Jr R. B. L., Smith B. R., et al., "Cooperation VS. Competition: Alternative Goal Structures for Motivating Groups in A Resource Scarce Environment," *Academy of Management Journal* 59 (2015)；杨锐、张洁、芮明杰：《基于主体属性差异的生产性服务网络形成及双重结构》，《中国工业经济》2011 年第 3 期；李垣、刘益：《基于价值创造的价值网络管理（I）：特点与形成》，《管理工程学报》2001 年第 4 期。

[2] 胡石清、乌家培：《外部性的本质与分类》，《当代财经》2011 年第 10 期。

会的专业观众，因此案例企业将这些外部合作者引入到展会现场，协助外部合作者报道特定展商或产品、在展馆这一特定空间举办活动等，发挥了这些资源或活动的"正面影响"效应，使资源发挥出了更大的价值。笔者将案例企业这种创新性使用合作者资源或活动的方式称为"正外部性效应内部化"，该模式可成为企业间构建"价值网络"的途径之一。

三 对展览企业内、外部资源整合规律的检验

（一）利用语义网络分析及情感分析检验扎根理论译码结果

为了确保扎根理论译码结果与录音文本资料的内容不发生偏差，本书的研究人员与案例企业员工保持密切联系，在扎根理论各译码阶段遇到疑问时随时向对方咨询，待译码工作完成后，将结果提交案例企业1名资深管理人员征求意见，该管理人员未提出异议。之后，为了检验扎根理论生成的概念和范畴能否概括录音文本资料的内容，本研究利用 ROST CM 6 软件的语义网络及情感分析功能对总结讨论会录音文本资料（公司及部门领导均有参与，该部分录音文本资料对展览举办过程描述更为全面）进行了分析，以检验译码结果能否概括其主要内容。

1. 扎根理论译码结果对展区专业化的解释

利用 ROST CM 6 软件对展区专业化录音文本资料进行语义网络（见图6-13）分析发现，展区专业化专题形成的核心词汇主要为"展区"；外围分布着"亮点""规划""穿戴""智能""绿色""制造""合作""拓展""省市""专业性"等词汇。对展区专业化专题录音文本资料进行分析发现，为了提高展会的吸引力，吸引高质量的参展商及专业观众参展，案例企业提出要提高展会的专业性，采取的措施包括围绕"展区"打造不同的主题，如打造"智能穿戴""先进制造""绿色建筑"等展区或专区。此外，在该过程中，案例企业还不断开拓新展

区、打造亮点板块。以上现象可以通过"工作细分"范畴中的"设置主题""规划展区""开拓新展""特色板块"等概念得到显示。其他次核心词汇有"资源""观众""协会""专区"等。展区专业化专题录音文本资料显示,案例企业在展区专业化打造的过程中,加强了与外部单位和机构的合作,以更好地利用他们的会员及媒体资源。与此同时,为吸引高质量的观众参观,以提高展商的交流、交易效果,案例企业与外部单位或机构加大了合作邀请专业观众的力度,这些在"网络渗透"和"外部协作"等范畴所包括的概念中得到体现。

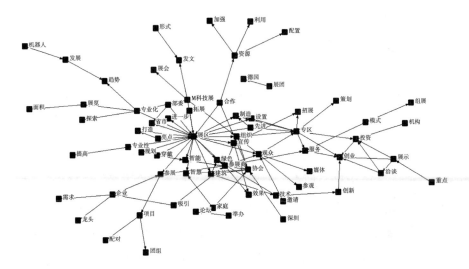

图 6-13　展区专业化专题录音文本资料语义网络分析

与此同时,本书的研究人员对展区专业化专题录音文本资料进行了情感分析(见表6-11)。其中,消极情绪集中在难以协调省市团组展区,以省为单位组织不同类型的企业组成一个展区,使各团组难以聚焦在一个行业内,降低整个展会的专业性等;积极情绪主要集中在通过与不同外部单位或机构合作,M科技展在各展区内组织了多层次的活动,包括会议及论坛等,而且观众邀请的质量也得到了提高。以上现象可通过"合作冲突"范畴中的"专业性降低"和"外部协作"范畴中的"协助邀请观众""活动协助"等概念得到解释,因此情感分析结果可以被开放性译码结果解释。基于以上两者的分析结果,本研究认为扎根理论译码结果能较好地解释展区专业化问题。

表6-11 展区专业化专题录音文本资料情感分析结果

单位：条，%

项目	取值	数量	占比
	积极情绪	442	30.11
总体分析结果	中性情绪	944	64.31
	消极情绪	82	5.59
	一般（0~10）	404	27.52
积极情绪分段统计结果	中度（11~20）	34	2.32
	高度（21及以上）	4	0.27
	一般（-10~0）	76	5.18
消极情绪分段统计结果	中度（-20~-11）	6	0.41
	高度（-21及以下）	0	0.00

2. 扎根理论译码结果对观众组织专题的解释

对观众组织专题录音文本资料进行语义网络（见图6-14）分析发现，"观众"属于核心词汇，外围分布着"服务""质量""邀请""增加""有效""结构""需求""分类""资源""系统""数据""参展""到会""登记"等词汇。观众组织专题录音文本资料显示，M科技展提出了"观众"是吸引展商参展的根本，认为观众属于展商参展过程中所购买的"商品"，因此提出要提高专业观众的数量和质量，为此案例企业对观众进行分类，建立专业数据库，拓展了专业观众的邀请渠道及观众来源地域等。以上措施在范畴"工作细分"中的"建立信息库""分类管理""调整地域""开拓渠道"等概念中得到体现。此外，语义网络中还存在"电子"这一次级核心词汇，对观众组织专题录音文本资料进行分析发现，案例企业在邀请专业观众的过程中，采用发放电子门票的方式，如将电子门票发送给参展商或会议组织者，让其邀请"客户"或参会观众参加展会等，这一现象在"新技术运用"范畴中的"CIS系统"这一概念中得到了体现。

观众组织专题录音文本资料情感分析结果表明（见表6-12），

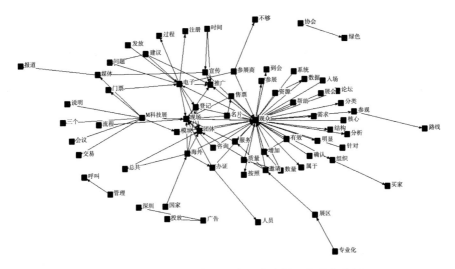

图 6 – 14 观众组织专题录音文本资料语义网络分析

消极情绪主要集中在观众现场接待过程中人员流量大，而观众部门人员紧张；突发事情的发生给现场管理带来挑战；在观众数据库建设过程中，录入压力大、专业观众难以寻找、高质量的观众难以定义等带来了系列困难。积极情绪集中在创新了模式、专业观众对 M 科技展表示有兴趣，或通过行业协会等外部合作者介入观众邀请，其情况好于以往等、改善了专业观众的现场接待水平。这些现象在"协助邀请观众""会议带来观众""CIS 系统（电子门票功能）""展商广告"等概念中得到解释，因此笔者认为开放性译码结果能较好地解释观众组织专题。

表 6 – 12 观众组织专题录音文本资料情感分析结果

单位：条，%

项目	取值	数量	占比
分析结果	积极情绪	547	34.38
	中性情绪	971	61.03
	消极情绪	73	4.59

项目	取值	数量	占比
积极情绪分段统计结果	一般 （0～10）	521	32.75
	中度 （11～20）	24	1.51
	高度 （21及以上）	2	0.13
消极情绪分段统计结果	一般 （-10～0）	71	4.46
	中度 （-20～-11）	2	0.13
	高度 （-21及以下）	0	0.00

（3）扎根理论译码结果对宣传推广专题的解释

对宣传推广专题录音文本资料进行语义网络（见图6-15）分析发现，"宣传"属于核心词汇，外围分布着"投放""市场""观众""策划部""报道""针对""招展""打包""机会"等词汇；宣传推广专题录音文本资料显示，案例企业借助媒体机构的资源对展商和观众进行针对性的宣传，对广告的投放场地也进行了针对性的筛选，最终目的是提高展会的宣传效果，带动更多的高质量展商和观众参加展会；以上内容在范畴"工作细分"中的"展会宣传"，以及范畴"价值创造"中的"展商广告"等概念中得到体现。语义网络分析结果显示，"媒体""推广"属于次级核心词汇，周边分布着"网站""资源""合作""广告"以及"渠道""方案"等词汇。宣传推广专题录音文本资料显示，案例企业对媒体进行了分类管理，并与媒体机构建立了合作关系，可通过概念"媒体分类及管理"得到解释。

情感分析结果显示（见表6-13），宣传推广专题的消极情绪主要集中在展会宣传推广的时间晚于招展部门要求的时间，影响招展效果；在展会宣传资源与参展商进行分享方面存在不确定性因素，难以在合同里体现等；推广部门在宣传推广过程中存在工作"困惑"等。积极情绪主要集中在推广部门虚心听取其他部门的意见，如精准宣传的效果得到提高、展会的品牌知名度提高等，通过合作获得了丰富的媒体资源。以上现象可通过"媒体分类及管理""展会宣传"得到解释。基于以上

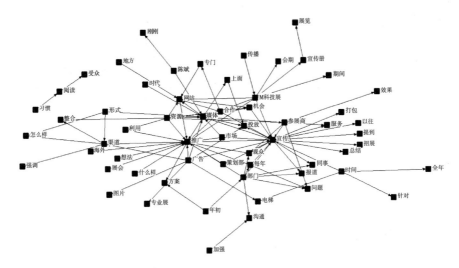

图 6 - 15　宣传推广专题录音文本资料语义网络分析

分析，笔者认为宣传推广专题的内容能够较好地被开放性译码结果
解释。

表 6 - 13　宣传推广专题录音文本资料情感分析结果

单位：条，%

项目	取值	数量	占比
分析结果	积极情绪	332	33.67
	中性情绪	602	61.05
	消极情绪	52	5.27
积极情绪分段统计结果	一般（0～10）	310	31.44
	中度（11～20）	20	2.03
	高度（21 及以上）	2	0.20
消极情绪分段统计结果	一般（-10～0）	49	4.97
	中度（-20～-11）	3	0.30
	高度（-21 及以下）	0	0.00

4. 扎根理论译码结果对活动组织专题的解释

对活动组织专题录音文本资料进行语义网络（见图 6 - 16）分析发
现，"论坛"和"参展商"属于核心词汇，其中"论坛"外围分布着

"入场""报名""听众""智能""能源"等词汇,"参展商"周围分布着"效果""参展""服务""现场""大会"等词汇;分析结果还显示存在"服务""观众""专业展"等三个次级核心词汇,其中"服务"周边分布着"增值""平台"等词汇,"观众"周边分布着"互动""邀请""组织"等词汇,"专业展"周边分布着"融合""举办""参与"等词汇。活动组织专题录音文本资料显示,案例企业认识到活动的举办是丰富展会内容、提高展商及专业观众信息交流效果、让展商及专业观众获得更多行业信息的重要途径,因此案例企业将活动划分为论坛、会议及展厅活动三种类型,并积极举办各类活动。该结果可通过"会议组织""论坛组织""展厅活动"等概念得到体现。此外,案例企业还提出活动的举办可以带来专业观众,进而提高展会的专业性,因此案例企业广泛地邀请协会或展商办会、办论坛等。以上现象可通过范畴"价值创造"包括的"会议带来观众"以及范畴"外部协作"包括的"活动协助"等概念得到体现。

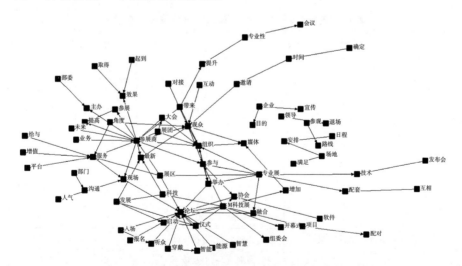

图 6 - 16 活动组织专题录音文本资料语义网络分析

对活动组织专题录音文本资料进行情感分析(见表 6 - 14)发现,消极情绪集中在活动场地难以安排;展商参与案例企业举办的信息发布活动,由于听众不多,或展商发布的内容过于专业,听众反映听不懂,导致场面冷清，影响信息发布效果。积极情绪体现在克服困难、举办各类活动、活动的举办提高了展会的效果、M 科技展的开幕式吸引媒体的关注、成功与合作单位举办论坛或活动等。扎根理论译码结果中，范畴"协调困境"中的概念"优先满足会议"较好地解释了会议及活动场地紧张的情况，而展商对活动效果的反馈也可通过"顾客参与"范畴中的"反馈效果"得到体现，外部合作者参与活动的组织也可通过范畴"外部协作"中的"活动协助"得到体现，因此译码结果较好地解释了情感分析结果。基于以上分析，笔者认为活动组织专题能被扎根理论译码结果解释。

表 6 – 14 活动组织专题录音文本资料情感分析结果

单位：条，%

项目	取值	数量	占比
分析结果	积极情绪	387	28.48
	中性情绪	915	67.33
	消极情绪	57	4.19
积极情绪分段统计结果	一般（0~10）	369	27.15
	中度（11~20）	15	1.10
	高度（21 及以上）	3	0.22
消极情绪分段统计结果	一般（-10~0）	56	4.12
	中度（-20~-11）	1	0.07
	高度（-21 及以下）	0	0.00

（5）扎根理论译码结果对国际化发展专题的解释

案例企业从提高展览的办展水平、扩大展览的国际化水平及国际影响力角度出发，组织了国际化发展专题。展览的国际化发展涉及各项业务，因此招展部门、观众部门、活动部门、推广部门等都从各自业务角度出发，对展览未来发展方向和措施进行了讨论。

国际化发展专题录音文本资料语义网络分析（见图 6 – 17）结果表明，由于词汇间的关系较为分散，未发现有词汇能够独立代表整个网络，而与其他词汇联系较多的词汇包括"M科技展""参展商""平台""组织""社会"。其中"M科技展"周边分布着"展区""未来""想法"等词汇，它反映了本次专题主要讨论M科技展未来的发展等；"参展商"周围分布着"核心""得到""价值""观众""参展""提高"等词汇；"平台"周边分布着"交流""价值"等词汇；"组织"周边分布着"宣传""观众""推广""参与""社会"等词汇；"社会"周边分布着"利用""参与""发挥""服务"等词汇。对国际化发展专题录音文本资料进行分析显示，案例企业利用行业协会、外聘单位等社会资源，共同打造参展商和专业观众信息交流平台；在展览组织过程中，案例企业公司领导提出，参展商是展会的核心，专业观众是吸引展商参展的重要因素；参展商及专业观众的参展都要借助展会的宣传，以上内容可通过范畴"网络渗透"及范畴"工作细分"中相关的概念提到体现，因此扎根理论译码结果较好。

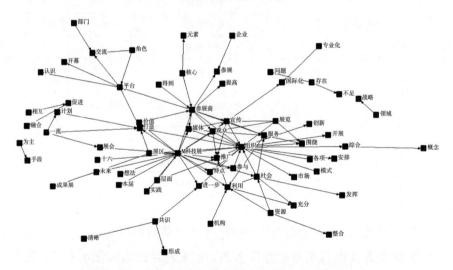

图6-17 国际化发展专题录音文本资料语义网络分析

国际化发展专题录音文本资料的情感分析结果表明（见表6-15），消极情绪主要有"海外展区"面积较小、部门对主题展区打造过程中应采用何种模式存在困惑（是部门协作还是临时团队）、"大综合小专业"理念还处于尝试阶段、服务细节存在不足等，而积极情绪集中在积极思考展会未来的发展、日常工作需要制定计划、媒体宣传带来展商和观众、大综合小专业的理念进一步优化、部门间达成共识等，以上内容可以通过"设置主题""规划展区""开拓新展""展商接待""项目责任制""分析现状""计划或预案""展会宣传""展商广告"等概念得到解释。基于以上分析，笔者认为国际化主题的讨论内容能够较好地被扎根理论译码结果解释。

表 6 – 15 国际化发展专题录音文本资料情感分析结果

单位：条，%

项目	取值	数量	占比
分析结果	积极情绪	168	35.97
	中性情绪	268	57.39
	消极情绪	31	6.64
积极情绪分段统计结果	一般（0～10）	142	30.41
	中度（11～20）	20	4.28
	高度（21 及以上）	6	1.28
消极情绪分段统计结果	一般（-10～0）	28	6.00
	中度（-20～-11）	3	0.64
	高度（-21 及以下）	0	0.00

基于以上总结讨论会录音文本资料的分析结果，笔者认为它们的内容均能被扎根理论译码结果较好地解释，这说明扎根理论译码结果总体较为理想。

（二）利用外部资料及案例企业资源整合事件进行检验

1. 内部部门间资源整合理论检验

除通过语义网络及情感分析对扎根理论译码结果进行检验外，本研究还利用其他展会发布的新闻及展后报告、公司及部门总结报告，以及从录音文本资料中归纳的资源整合事件对译码结果进行了检验。

考虑到案例企业有属于政府全额投资（国有企业），可以借助一些政府资源影响其内、外部资源整合过程等，因此本研究在理论抽样阶段，有针对性地选择了主要依靠市场机制运行的展览企业。最终本研究以汉诺威米兰展览（中国）公司（外资企业）在 2014 年举办的成都国际汽车展、亚洲国际物流技术与运输系统展、亚洲国际动力传动与控制技术展、上海国际工业零部件及分承包展和华南国际工业自动化展 5 个展会为样本资料，通过分析各展会主页发布的新闻及展后报告，检验扎根理论的译码结果。在企业内部资源整合方面，由于抽样展会公布的报告较少涉及内部组织过程，因此对样本资料进行译码后，未能发现新的概念和范畴。对公司及部门总结报告进行分析，发现译码结果能很好地概括其内容。

此外，笔者利用原译码阶段所采用的资料梳理了案例企业各部门整合自身资源参与服务提供的事项，对核心范畴进行了检验。经过分析发现，案例企业存在的各种内部资源整合问题能较好地被核心范畴所解释（见表 6 - 16）。

表 6 - 16　案例企业内部资源整合规律检验

序号	内部资源整合事项描述 （通过部门协作整合内部资源）	分析解释
1	招展与观众组织工作独立进行，影响观众与专业展主题的匹配程度	权力及责任未渗透、传递，部门利益未与协调评价建立联系，最终影响招展工作
2	招展与宣传工作独立进行，招展部门认为展会推广没有发挥对招展的带动作用	权力及责任未渗透、传递，部门利益未与协调评价建立联系，最终影响招展工作
3	观众部门认为招展部门展商签约及活动信息公布太晚，不利于观众组织	权力及责任未渗透、传递，部门利益未与协调评价建立联系，最终影响观众组织工作
4	招展部门反映展商参展过程中有使用会议室需求，但活动部门优先满足会议及论坛嘉宾的需要	权力及责任未渗透、传递，部门利益未与协调评价建立联系，最终影响招展工作
5	安保部门不愿意制定整个展会的安保方案，认为自身仅是一个部门，不能为整体展会负责	责任传递不合理，影响协作

续表

序号	内部资源整合事项描述 （通过部门协作整合内部资源）	分析解释
6	招展部门、观众部门等汇总媒体、嘉宾等的用餐需求，将具体要求提交给餐饮部，餐饮部负责执行并接受反馈意见	权力渗透、责任传递、利益分配合理，部门协作完成良好

2. 外部合作者资源整合理论检验

笔者利用所收集的 5 个展会的资料对案例企业外部资源整合过程译码结果进行了检验，分析结果表明，特定技术的运用可以产生一些新的概念，如利用新媒体技术打造"营销互动平台"等。而对这些概念进行主轴译码分析发现，它们仍适用于范畴"新技术运用"；抽样检验结果表明，既未能形成新的范畴，也未能拓展原有范畴的面向，这说明前期开放性译码及主轴译码结果较理想。对公司及部门总结报告进行分析，未能发现新的概念和范畴。此外，本研究总结了案例企业代表性的外部资源整合事件，发现核心范畴较好地解释了案例企业外部资源整合过程，说明选择性译码结果较理想（见表 6 – 17）。

表 6 – 17　案例企业外部资源整合规律检验

序号	外部资源整合事项描述 （通过建立合作关系整合外部资源）	分析解释
1	信息发布、撰写新闻稿：媒体机构发布案例企业提供的新闻稿及评论员文章；案例企业提供新闻内容，媒体为展商发布信息	兼顾合作企业及参展商的利益，将新闻稿转变为宣传资源，创造新的价值
2	会议带来观众：行业协会与案例企业合作办展、合作办会；案例企业为协会会员提供参展机会，协会为展商提供观众	兼顾合作企业及参展商的利益，将协会会员、参会人员转变为专业观众资源，创造新的价值
3	商务合作：园区接待参展商的商务考察，案例企业为园区企业提供参展机会	兼顾合作企业及参展商的利益，将产业园区转变为参展商考察资源，创造新的价值

续表

序号	外部资源整合事项描述 （通过建立合作关系整合外部资源）	分析解释
4	采购洽谈、融资洽谈：投资或采购机构到 M 科技展现场洽谈业务，案例企业为其提供项目或供应商	兼顾合作企业及参展商的利益，将投资或采购需求转变为专业观众资源，创造新的价值
5	展商配票：案例企业对参展企业给予一定量的免费电子票，让其邀请客户参展；参展商为客户提供了参展机会	兼顾展商及其客户利益，将展商客户资源转变为专业观众，创造新的价值

四　本章小结

本章主要研究案例企业与外部合作者之间的资源整合。服务主导逻辑提出服务生产的本质为互惠服务，同时认为企业与合作者之间的关系不再属于简单的交易关系，应向整合各方资源、共同为顾客创造价值方向转变。与此同时，在服务主导逻辑理论中，企业间的合作关系表现出临时性和短暂性的特征，如在完成特定任务或目标的过程中，任何行动者或资源都可以成为服务网络的组成部分之一。但当这一目标或任务完成后，合作网络有可能马上解散。M 科技展在多年的举办过程中，与多个外部单位或机构建立了合作关系，且与部分合作者之间的关系具有资产专用性低、多数合作关系在展期结束后就中断的特征，因此属于"松散型合作关系"，加大了资源整合的难度。

本章对案例企业外部资源整合过程进行分析，得出"利益统一，价值创新"这一核心范畴，认为案例企业利用外部合作者资源用途多样性的特征，将合作者的资源创新性地运用于展览服务这一具体的情境中，使其发挥出更大的价值，最终为整合外部合作者资源、共同为参展商创造价值提供了一个可行的路径。

将本章所归纳的案例企业内部资源和外部资源整合规律进行比较

发现，两者既有共同之处，也存在差异。在相同点方面，本章将知识和技能视为操作性资源，此时"部门"及"外部单位或机构"被视为容纳服务资源的"容器"，内外部资源整合通过部门协作或企业间建立合作关系得到解决，进而调动"部门"及"外部单位或机构"参与特定服务项目中，让其发挥自身操作性资源优势等。在差异方面，内部资源整合较为容易，各部门属于同一利益主体，彼此之间的协作可通过上级领导行政干预的方式进行，部门间建立利益共同体属于一种激励机制，但在与外部资源进行整合时，双方是独立的经营主体或机构，利益的统一则是同时满足各方的需求成为合作或资源整合的前提和保证。

第七章

服务主导逻辑资源分类视角下的
参展商展览服务质量评价

一 服务质量评价模型存在不足

"资源"是展览服务提供或生产的基础，同时也可反映顾客服务质量评价的内容，服务主导逻辑资源分类的观点对服务质量评价的研究具有启示意义。从企业生产及顾客消费两个角度对展览服务提供所需要的资源进行分析，有利于深化企业对服务产品的理解，提高企业服务管理能力等。服务质量在20世纪80年代成为学者研究的重点，由于物品的质量能够通过对耐久性及缺陷数量等特征进行客观评价，因此取得了系列成果；但服务产品具有无形性、多样性及生产与消费同时性等特性，因而服务质量被认为是抽象的、难以捉摸的，导致其研究进展相对滞后。[①] Parasuraman、Zeithaml 和 Berry（简称 PZB）提出通过测量消费者的感知、分析顾客服务期望和实际感知之间的差距来衡量服务质量[②]，激发学者在服务质量评价领域开展了系列讨论，但对于服务质量评价方

[①] Parasuraman A. , Zeithaml V. A. , Berry L. L. , "A Conceptual Model of Service Quality and Its Implications for Future Research," *Journal of Marketing* 49 (1985).

[②] Parasuraman A. , Zeithaml V. A. , Berry L. L. , "A Conceptual Model of Service Quality and Its Implications for Future Research," *Journal of Marketing* 49 (1985).

式及内容仍存在分歧。①

服务主导逻辑认为服务生产所需要的资源可划分为操作性资源和对象性资源，由于顾客参与了服务产品的提供过程②，因此服务价值是由顾客创造的，企业属于价值创造的参与者。③ 服务主导逻辑资源分类及顾客创造服务价值的观点对服务质量评价的研究有一定启示意义。本章以展览企业向参展商提供的展览服务为例，并以 M 科技展为研究对象，基于服务主导逻辑对展商的展览服务质量评价内容及方法进行了分析，最终构建了参展商展览服务质量评价模型。

二 基于操作性及对象性资源分类的服务质量评价模型

（一）服务质量评价研究进展及服务主导逻辑带来的启示

1. 国内外服务质量评价研究进展

如何评价服务产品的质量一直学界研究的重点之一。代表性的服务质量评价模型有 PZB 提出的 SERVQUAL 模型，它基于机械质量和人文质量概念，将质量划分为客观质量和感知质量，认为服务质量评价是顾客一种相对稳定的态度，属于感知的服务质量。④ 在 SE-RVQUAL 模型中，感知质量被认为是消费者期望与服务表现感知之间比较的结果，同时 PZB 将期望划分为"应该"的期望和"想要"的

---

① Cronin J. J. J., Taylor S. A., "Measuring Service Quality: A Reexamination and Extension," *Journal of Marketing* 56 (1992).

② 笔者运用扎根理论对部门访谈及总结讨论会录音文本资料进行分析，产生了范畴"顾客参与"，而其包括的概念，如"展商申报""展商办会""邀请观众""信息交流""反馈效果"等也表明展商在展会的不同阶段均有服务参与行为等。

③ Vargo S. L., Lusch R. F., "Evolving to A New Dominant Logic for Marketing," *Journal of Marketing* 68 (2004). Vargo S. L., Lusch R. F., "Service Dominant Logic: Continuing the Evolution," *Journal of the Academy of Marketing Service* 36 (2008).

④ Parasuraman A., Zeithaml V. A., Berry L. L., "A conceptual Model of Service Quality and Its Implications for Future Research," *Journal of Marketing* 49 (1985).

期望，认为服务的感知质量来源于前者，与后者相对应的是顾客满意度。[①] 但 Cronin 和 Taylor 指出对期望进行分类缺乏依据，从期望角度研究服务质量，混淆了服务质量与顾客满意度，提出直接基于服务表现感知的评价是一个更有效的评价方式；[②] 之后 PZB 补充说明了其他学者也支持服务质量测量可基于消费者期望与服务表现感知之间比较的观点，并认为 SERVQUAL 模型只是提供一个分析感知质量（属于态度）的一个工具，而不解释这一结果的形成过程等。[③] 总体而言，笔者认为"期望"概念的引入使学者对服务质量概念的界定和测量产生了分歧。

学界对服务产品质量评价的内容也存在分歧。一方面在服务过程中顾客与企业存在互动，因此对服务人员的态度和行为存在共同的需求。Gronroos 将服务结果视为技术质量，将服务操作过程视为功能质量；[④] PZB 提出所有服务产品质量的评价包括有形性、可靠性、响应性、保证性和移情性五个方面；[⑤] 但这种划分方式受到质疑，如被认为偏重于服务操作界面[⑥]，忽略了不同产品间的差异等。另一方面考虑到不同服务产品在服务内容上有差异，因此有学者提出应区分产品类型或所属行业

---

① Parasuraman A., Zeithaml V. A., Berry L. L., "SERVQUAL: A Multiple – item Scale for Measuring Customer Perceptions of Service Quality," *Journal of Retailing* 64 (1988).

② Cronin J. J. J., Taylor S. A., "Measuring Service Quality: A Reexamination and Extension," *Journal of Marketing* 56 (1992).

③ Parasuraman A., Zeithaml V. A., Berry L. L., "Reassessment of Expectations as A Comparison Standard in Measuring Service Quality: Implications for Future Research," *Journal of Marketing* 58 (1994).

④ Grönroos C., "A Service Quality Model and Its Marketing Implications," *European Journal of Marketing* 18 (1984).

⑤ Parasuraman A., Zeithaml V. A., Berry L. L., "SERVQUAL: A Multiple – item Scale for Measuring Customer Perceptions of Service Quality," *Journal of Retailing* 64 (1988).

⑥ Lin C. T., Lin C. W., "Exhibitor Perspectives of Exhibition Service Quality," *Journal of Convention & Event Tourism* 14 (2013).

对服务产品质量评价模型进行分析，[1] 但该方法忽略了服务产品间的共同特征，使不同服务产品的质量评价结果缺乏可比性。Brady 和 Cronin 认为可以将服务质量划分为物理环境、服务互动和结果三个维度9个亚维度，同时认为可靠性、响应性和移情性是服务产品质量评价的共同要素，不同服务产品间的差异可通过亚维度，如专业性等进行描述（见图7－1）[2]。该评价方式为统一不同服务产品质量评价内容提供了一种可行的路径，但也存在一些不足，如不同层级的评价指标间存在冲突，表现为响应性和移情性等属于服务质量评价的共同性要素，但根据 PZB 对它们的定义[3]，它们又可归为交互质量所包括的"态度"或"行为"两个亚维度等。

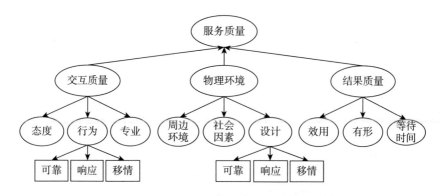

图7－1 Brady 和 Cronin 提出的服务质量评价模型

国内学者对服务产品质量评价也进行了研究，其内容大致可归纳为理论分析及行业运用两个方面。在理论分析方面，有学者分析和总结了

---

① Olorunniwo F. , Hsu M. K. , "A Typology Analysis of Service Quality, Customer Satisfaction and Behavioral Intentions in Mass Services," *Managing Service Quality: An International Journal* 16 (2006) . Zhu F. X. , Wymer W. J. , Chen I. , "IT – based Services and Service Quality in Consumer Banking," *International Journal of Service Industry Management* 13 (2002) .

② Brady M. K. , Cronin J. J. J. , "Some New Thoughts on Conceptualizing Perceived Service Quality: A Hierarchical Approach," *Journal of Marketing* 65 (2001) .

③ Parasuraman A. , Zeithaml V. A. , Berry L. L. , "SERVQUAL: A Multiple – item Scale for Measuring Customer Perceptions of Service Quality," *Journal of Retailing* 64 (1988) .

服务质量的形成机制及评价方法①，服务质量、消费价值、顾客满意与行为意向的关系②，服务质量评价模型的适应性③，不同顾客服务质量评价的差异等④。此外，国内学者还对不同行业服务产品质量评价内容或指标进行了比较、分析。⑤

总体而言，学者对服务质量评价方式及内容存有分歧。考虑到基于"期望"研究服务质量容易与顾客满意度产生混淆，同时为了使服务质量评价分析易于操作，目前学界对其研究一般直接基于顾客的服务表现感知。⑥ 服务主导逻辑提出服务的本质是利用自身的资源优势为对方创造价值，提出所有经济都是服务经济，有形产品是服务价值的一种传递方式；此时对企业"提供物"质量的评价不再区分无形服务和有形产品（两者对应了操作性资源和对象性资源，属于服务产品的重要组成部分），对它的分析可直接基于顾客服务表现感知，且重点分析服务质量评价模型包括哪些指标。例如，这些指标如何反映服务产品中的"无形服务"部分及"有形产品"部分，以及不同服务产品间的指标有何异同，即是否能构建一个评价体系，实现不同行业服务产品间的质量具有可比性等。笔者基于服务主导逻辑构建了一个新的参展商展览服务质量评价模型。

2. 服务主导逻辑对服务质量评价研究的启示

对象性资源和操作性资源的划分以及互惠服务（服务生产的本质，

---

① 洪志生、苏强、霍佳震：《服务质量管理研究的回顾与现状探析》，《管理评论》2012 年第 7 期。
② 汪纯孝、温碧燕、姜彩芬：《服务质量、消费价值、旅客满意感与行为意向》，《南开管理评论》2001 年第 6 期。
③ 范秀成、杜建刚：《服务质量五维度对服务满意及服务忠诚的影响——基于转型期间中国服务业的一项实证研究》，《管理世界》2006 年第 6 期。
④ 金立印：《服务质量构成要素对顾客满意影响力差异研究——现有顾客同潜在顾客间的比较》，《商业经济与管理》2006 年第 3 期。
⑤ 郑兵、金玉芳、董大海等：《中国本土物流服务质量测评指标创建及其实证检验》，《管理评论》2007 年第 4 期；李坚飞、韩庆兰：《零售企业服务质量的复杂性特征及实证研究》，《南开管理评论》2014 年第 3 期。
⑥ 金立印：《服务质量构成要素对顾客满意影响力差异研究——现有顾客同潜在顾客间的比较》，《商业经济与管理》2006 年第 3 期。

为他人创造价值）是服务主导逻辑的理论核心，它们为改进 Brady 和 Cronin 提出的服务质量评价方法，构建一个反映不同服务产品共性及特性的服务质量评价模型提供了思路。对象性资源是操作及行为指向的对象，包括土地、矿产等自然资源；操作性资源指能够产生影响的要素，主要包括专业知识及技能等。① 服务主导逻辑认为，操作性资源在个体分布上有差异，因此产生互惠服务，即个体发挥自身的能力为他人创造价值。② 基于服务主导逻辑对服务生产要素的划分及服务的最终目的是为顾客创造价值，服务产品质量评价的内容可划分为三个部分，即对象性资源所代表的物理维度、操作性资源所代表的行为维度、顾客利益所代表的服务结果维度。这些维度可分别命名为物理环境、专业服务和核心利益。

与 Brady 和 Cronin 提出的物理环境质量、交互质量及结果质量三个维度相比，改进后的服务质量评价模型将"专业性"（交互质量的一个亚维度）独立成一个维度，与物理环境和核心利益并列构成服务质量评价的三个主维度，其主要原因在于：专业性揭示了不同服务产品需要的操作性资源存在差异，它可以反映不同行业的特征。对 Brady 和 Cronin 提出的交互质量所包括的另外两个亚维度：服务态度和行为，笔者认为它们反映的是不同服务产品所需具备的共同特征，因此应归入服务质量评价中，通过可靠性、响应性和移情性等得到体现。考虑到 Brady 和 Cronin 提出的服务质量评价模型及笔者改进的模型，共同性要素需要描述不同的维度，如物理环境、专业服务及核心利益，它涉及顾客与硬件设施，以及顾客与服务人员之间的不同交互界面。而现有的共同性要素，如可靠性、响应性和移情性，更多的是反映人际交往的需求，并不适合物理环境维度的描述（如与移情性这一概念相比，"友好性"更

---

① Vargo S. L. , Lusch R. F. , "Evolving to A New Dominant Logic for Marketing," *Journal of Marketing* 68 （2004）.

② Vargo S. L. , Lusch R. F. , "Evolving to A New Dominant Logic for Marketing," *Journal of Marketing* 68 （2004）.

能反映顾客与服务人员，以及顾客与服务设施之间的共同特征），因此需要重新提炼和归纳。

共同性要素的分析与归纳需要在不同行业间进行全面、细致的比较，属于一项系统工程，具有一定的难度。笔者认为除直接分析、归纳这些共同性要素外，还可通过研究其他指标，如与共同性要素相关性高或能反映共同性要素作用结果的指标，以间接分析它们对服务质量评价的影响。服务主导逻辑认为，顾客是服务价值的共同创造者，如 PZB 以理发服务为例，认为顾客通过告知理想的发型等参与到服务过程中；[①] 即使对于有形产品，顾客仍需要学习如何使用、保养、修理等。[②] 因此顾客参与对于服务价值的创造有重要影响，进而影响他们对服务产品质量的评价等。而现有服务管理相关研究也表明，服务人员在服务过程中的行为和态度，如可靠性、移情性等构成人际互动维度，它们是影响顾客参与的主要因素之一；[③] 顾客参与将影响企业与之关系的建立，最终影响顾客对服务质量的感知及满意度（见表 7 - 1）。[④] 因此，笔者认为在服务质量评价过程中共同性要素的主要功能是帮助企业与顾客建立情感联系，它与顾客的服务参与程度具有较高的相关性，可通过分析顾客参与情况及其对服务质量评价各个维度的影响而间接分析共同性要素对服务质量评价的作用。

---

① Parasuraman A., Zeithaml V. A., Berry L. L., "A conceptual Model of Service Quality and Its Implications for Future Research," *Journal of Marketing* 49 (1985).

② Vargo S. L., Lusch R. F., "Evolving to A New Dominant Logic for Marketing," *Journal of Marketing* 68 (2004).

③ 彭艳君：《顾客参与量表的构建和研究》，《管理评论》2010 年第 3 期；贾薇、张明立、王宝：《服务业中顾客参与对顾客价值创造影响的实证研究》，《管理评论》2011 年第 5 期。

④ 彭艳君：《顾客参与量表的构建和研究》，《管理评论》2010 年第 3 期；卫海英、骆紫薇：《中国的服务企业如何与顾客建立长期关系？—— 企业互动导向、变革型领导和员工互动响应对中国式顾客关系的双驱动模型》，《管理世界》2014 年第 1 期。

表 7 - 1　服务态度及行为等共同性要素与顾客参与、服务质量评价的关系

序号	内容	来源
1	人际互动是顾客参与的三个维度之一，它受双方信任、可靠、支持、承诺等因素影响；顾客参与影响服务履行的过程及结果	彭艳君（2010）
2	顾客参与包括人际互动、信息分享、合作生产三个维度，顾客参与对服务结果及顾客满意有正向影响	范钧（2011）
3	情感承诺（真诚态度、礼貌待客、额外利益等）、信息交换等影响顾客参与，而顾客参与影响服务价值的创造等	贾薇、张明立、王宝（2011）
4	服务发生时的情境或人际交往的属性影响顾客对服务的情感反馈，进而影响顾客对服务的评价及满意度	望海军、汪涛（2007）
5	管理者、员工与顾客之间的社会互动影响企业与顾客之间关系的建立，包括顾客对服务企业的信任、承诺等	卫海英、骆紫薇（2014）

（二）服务主导逻辑下参展商展览服务质量评价模型构建

1. 参展商展览服务质量评价指标选取

服务主导逻辑为服务质量评价主要维度的建立提供了依据，但不同行业间其服务内容存在较大差距，各维度的指标应根据具体行业的特征有针对性的选取。为了分析参展商展览服务质量评价模型各维度所包含的内容，笔者对现有相关研究进行了分析和归纳发现，展商展览服务质量评价涉及多个因素，包括展前营销[①]、举办地（目标市场、交通、安全)[②]、展馆设施[③]、组织者与展商的关系[④]等。为了使研究对象具体化，本书对展商展览服务质量评价的研究限定在展期的现场服务，最终根据前文所归纳的三个维度分析、提取了相应的指标。

[①]　Lin C. T., Lin C. W., "Exhibitor Perspectives of Exhibition Service Quality," *Journal of Convention & Event Tourism* 14（2013）.

[②]　罗秋菊：《参展商参展决策研究—— 以东莞展览会为例》，《旅游学刊》2007 年第 5 期；

[③]　徐洁、苑炳慧、胡平：《参展商对展馆服务的满意度研究—— 以上海光大案例企业为例》，《旅游科学》2008 年第 6 期。

[④]　Jin X., Weber K., "Developing and Testing A Model of Exhibition Brand Preference：The Exhibitors' Perspective," *Tourism Management* 38（2013）.

    Brady 等认为物理环境所涉及的因素包括场景氛围、空间配置等。[1] Siu 等对展览的服务场景进行了系统分析，将服务场景归纳为周边氛围（如灯光、音乐、气温等）、功能设施、总体功能、标识及符号和卫生状况五个方面（见表 7-2），研究结果表明它们与服务场景感知结果具有强相关性。[2] Siu 等对物理环境这一维度的分析在 Lin 等的研究中也得到了印证。Lin 等认为展商展览服务质量评价包括装饰设计、展位（包括展台）、标识设计、周边卫生等，此外餐饮、信息服务等配套项目也被认为是重要的因素。[3]

表 7-2　现有研究成果中关于展览服务质量评价物理环境维度相关指标的分析

评价项目	评价指标	评价项目	评价指标
周边氛围	舒适的温度	总体功能	建筑有吸引力
	良好的空气质量		总体而言这些设备支持举办会展
	合适的背景音乐	标识及符号	有充足的指示标志
	愉悦的气味		指示标志大小适中
	充足的光线		指示标志易于理解
	光线强度适中（不刺眼）		指示标志指路清晰
	总体而言，周边环境舒适	卫生状况	干净的休息室
功能设施	电子设备可以获取		干净的食品区
	电子设备先进		干净的通道及出入口
	电子设备运转正常		总体而言干净、舒适
总体功能	内部墙壁和地板的颜色有吸引力		

[1]　Brady M. K., Cronin J. J. J., "Some New Thoughts on Conceptualizing Perceived Service Quality: A Hierarchical Approach," *Journal of Marketing* 65（2001）；金立印：《服务质量构成要素对顾客满意影响力差异研究——现有顾客同潜在顾客间的比较》，《商业经济与管理》2006 年第 3 期。

[2]　Siu N. Y. M., Wan P. Y. K., Dong P., "The Impact of the Servicescape on the Desire to Stay in Convention and Exhibition Centers: The Case of Macao," *International Journal of Hospitality Management* 31（2012）.

[3]　Lin C. T., Lin C. W., "Exhibitor Perspectives of Exhibition Service Quality," *Journal of Convention & Event Tourism* 14（2013）.

Siu 等对展览空间进行了系统研究，其对象性虽然是指专业观众，但由于参展商和专业观众位于同一空间，且 Lin 等对参展商服务评价中与环境、空间相关的分析与其结论具有一致性，因此笔者认为其研究结果对"物理环境"这一维度的分析也具有借鉴意义。

对 Siu 和 Lin 的研究结果进行分析，笔者认为 Siu 分析的总体功能维度所包括的指标内涵与其他维度的指标具有相似性，如墙壁或地板的颜色与周边氛围中的光线具有相关性，本质上都是反映展馆内的氛围；再如建筑物具有吸引力可反映该设施的功能，这与功能设施维度相关。基于以上分析，笔者认为 Siu 的分析结果可归纳为四个方面（将总体功能维度纳入其他四个维度）。Lin 的分析结果表明，配套项目及其依托的环境，如餐饮消费（食物的口感等）也对顾客的服务质量感知具有重要影响。在研究基于 Brady、Siu 和 Lin 的研究成果，本书将展商现场展览服务质量评价物理环境维度包括的内容划分为五个方面，即展览氛围、硬件设施、指示标志、环境卫生和配套项目（见表 7－3）。本研究基于研究物理环境、专业服务所代表的对象性资源和操作性资源对参展商展览服务质量评价结果的影响，依据 Siu 和 Lin 的分析结果，将展览服务评价维度视为物理环境维度的具体评价指标（不再分析它们各自包括的二级指标）。

表 7－3　参展商展览服务质量评价模型中各项评价指标选取

评价项目	评价指标	选取依据	评价项目	评价指标	选取依据
物理环境	展览氛围*	Brady 等（2001），Siu 等（2012），Lin 等（2013）	核心利益	观众洽谈	罗秋菊（2007）
	硬件设施	Brady 等（2001），Siu 等（2012），Lin 等（2013）		意向合作	罗秋菊（2007）
	指示标志	Brady 等（2001），Siu 等（2012），Lin 等（2013）	顾客参与	参加活动	Kozak（2005）
	环境卫生	Brady 等（2001），Siu 等（2012），Lin 等（2013）		观众交流	Lin 等（2013）
	配套项目	Lin 等（2013）		工作人员交流	Lin 等（2013）

续表

评价项目	评价指标	选取依据	评价项目	评价指标	选取依据
专业服务	信息发布	Lin 等（2013）	顾客参与	展商交流	Lin 等（2013）
	交流促进	Lin 等（2013）		目的实现	本研究设定
	交易促进	本研究设定	意顾客满	是否失望	本研究设定
核心利益	观众询问	罗秋菊（2007）		是否推荐	本研究设定

注：＊"展览氛围"描述的是参展商在展览现场的心理感知，它是由一系列要素造成的，如鲜花、吊旗等，这里为了归纳一个内涵较广的概念，用"展览氛围"这一概念代表参展商对"氛围营造要素"（属于对象性资源）的整体评价。

关于展览现场的专业服务，Lin 等对展览组织者提供的服务内容进行了分析，认为其涉及注册服务、活动协助、语言服务等方面。[①] 但根据展览服务产品的本质特征，展览是一个信息交流的平台[②]，其主要目的是促进展商与专业观众信息交流，因此展览现场的专业服务主要包括及时、准确地发布展会信息以及组织各种交流促进活动等。[③] M 科技展作为一个高新技术成果交易的平台，提供了促进交易的服务，如推动展商与观众的配对洽谈等。本研究基于展览服务的本质特征以及 M 科技展提供的服务项目，最终选取了三个相对抽象但内涵更为丰富的评价指标，即信息发布、交流促进和交易促进。为了使调查对象对相关概念不产生歧义，笔者在问卷设计阶段，将各指标与具体的服务项目相对应，如针对信息发布服务，将其补充说明为企业、产品宣传服务。

在核心利益方面，展商关注结识新客户、树立公司形象等，[④] 笔者认为这些因素均与展览活动所吸引的专业观众数量和质量相关，如专业

① Lin C. T., Lin C. W., "Exhibitor Perspectives of Exhibition Service Quality," *Journal of Convention & Event Tourism* 14 （2013）.

② 罗秋菊、保继刚：《参展商参展目的、绩效评估及其相关关系研究——以东莞展览会为例》，《旅游科学》2007 年第 5 期；戴光全、张骁鸣：《从 TPC 谈会展产品和管理的属性》，《中国会展》2006 年第 7 期。

③ Lin C. T., Lin C. W., "Exhibitor Perspectives of Exhibition Service Quality," *Journal of Convention & Event Tourism* 14 （2013）.

④ 罗秋菊、保继刚：《参展商参展目的、绩效评估及其相关关系研究——以东莞展览会为例》，《旅游科学》2007 年第 5 期。

观众数量多且质量较高，所有区域的展商都将有更多机会结识新客户，展商的产品也能得到更好地宣传等。因此，笔者认为展览活动所吸引的专业观众数量及质量是展商关注的核心利益。考虑到观众数量和质量等概念较为抽象，笔者通过设置"观众询问（数量）""观众洽谈（数量）""意向合作"三个选项，对展览专业观众的数量及质量进行了调查及分析。

对于顾客参与，彭艳君发展了顾客参与的评价量表，认为其包括信息分享、合作行为等维度。[①] 由于展览活动本身属于一个信息交流平台，顾客的服务参与也体现为与不同主体进行信息分享与交流等，因此笔者将参展商与这些主体之间的交流频率视为顾客参与的评价指标。Lin 等认为展览活动相关的主体主要有展商、观众及组织者;[②] 此外，展览现场会组织各种活动[③]，而这些活动也是展商获取信息的重要来源。因此，本文最终选取了"观众交流""展商交流""工作人员交流""参加活动"四个指标。

顾客的服务质量评价将影响其最终的满意度等[④]，笔者根据展览服务的特征，从积极和消极评价两个方面分别选取一个顾客满意评价指标，即是否实现了参展目标和是否失望。另外，通过与案例企业的工作人员进行访谈，选取向其他展商推荐展会作为一个评价指标。最终确定了二个顾客满意度评价指标，用于分析各服务质量评价维度对顾客整体感知结果的影响。

---

① 彭艳君：《顾客参与量表的构建和研究》，《管理评论》2010 年第 3 期。

② Lin C. T. , Lin C. W. , "Exhibitor Perspectives of Exhibition Service Quality," *Journal of Convention & Event Tourism* 14 （2013）.

③ Kozak, N. , "The Expectations of Exhibitors in Tourism, Hospitality, and the Travel Industry: A Case Study on East Mediterranean Tourism and Travel Exhibition," *Journal of Convention & Event Tourism* 7 （2005）.

④ 范秀成、杜建刚：《服务质量五维度对服务满意及服务忠诚的影响——基于转型期间中国服务业的一项实证研究》，《管理世界》2006 年第 6 期；金立印：《服务质量构成要素对顾客满意影响力差异研究——现有顾客同潜在顾客间的比较》，《商业经济与管理》2006 年第 3 期。

2. 服务质量评价模型构建及研究假设

根据以上分析，笔者构建了参展商展览服务质量评价模型（见图 7-2）。服务主导逻辑提出顾客是服务价值的创造者[①]，而顾客价值创造结果将影响其对服务产品质量的评价，同时考虑范钧提出的顾客参与对服务结果及顾客满意有正向影响等结论[②]，笔者提出以下假设。

H_1：顾客参与对其展览服务质量评价各维度均存在正向影响（本研究服务质量评价由三个维度构成，故提出三个子假设，即 H_{1a}、H_{1b} 和 H_{1c}，见图 7-2）。

考虑到展商参加展览购买的是一个完整的服务包[③]，任意服务质量维度都会影响顾客的评价，而顾客对服务质量的评价将影响其最终的满意度[④]，因此笔者又提出以下假设：

H_2：展览服务质量各维度对顾客满意均存在正向影响（三个子假设为 H_{2a}、H_{2b} 和 H_{2c}，见图 7-2）。

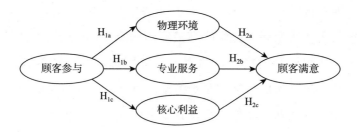

图 7-2　参展商展览服务质量评价模型

① Vargo S. L., Lusch R. F., "Evolving to A New Dominant Logic for Marketing," *Journal of Marketing* 68（2004）. Vargo S. L., Lusch R. F., "Service Dominant Logic: Continuing the Evolution," *Journal of the Academy of Marketing Service* 36（2008）.

② 范钧：《顾客参与对顾客满意和顾客公民行为的影响研究》，《商业经济与管理》2011 年第 1 期。

③ 戴光全、张骁鸣：《从 TPC 谈会展产品和管理的属性》，《中国会展》2006 年第 7 期。

④ 范秀成、杜建刚：《服务质量五维度对服务满意及服务忠诚的影响—— 基于转型期间中国服务业的一项实证研究》，《管理世界》2006 年第 6 期；金立印：《服务质量构成要素对顾客满意影响力差异研究—— 现有顾客同潜在顾客间的比较》，《商业经济与管理》2006 年第 3 期。

三 数据整理及参展商展览服务质量评价模型的实证、启示意义

（一）数据收集、整理

案例企业为了解展览发展情况，在展会现场向参展商随机发放 1173 份调查问卷（含本研究涉及的选项）。为了保证调研的有效性，问卷投放地点主要选择在参展商展台，时间集中在展会第二天至展会结束的前一天（历时 4 天），调查对象以随机取样的方式选取。问卷采用李克特 5 分值量表计量，1 表示不认同，3 表示中立，5 表示认同。案例企业出具了调研介绍信，因此参展商配合程度较高。在问卷设计和调研过程中，为了确保各选项所代表的含义（如物理环境各指标所代表的含义与 Siu 和 Lin 的研究相符合）能正确地被受访的参展商理解，本研究的研究人员首先针对问题选项的设计征询了第三方调研公司工作人员的意见，如询问基于他们历届、多次参与 M 科技展参展商满意度调研及问卷分析等工作经验，参展商对各选项的理解及作答情况如何（通过对比发现过往问卷中有部分相似的选项）；针对第三方调研公司工作人员提出的语意模糊的语句，本研究在问卷相应的选项中增加了描述性词语，同时第三方调研公司工作人员也在问卷发放的过程中随时与参展商沟通。

本研究最终共收集到 1062 份问卷，其中有效问卷为 1030 份，占问卷发放量的 87.81%，本次问卷调研效果较为理想。在调研反馈的个人及企业信息中，男性居多，占 61.7%；年龄以中青年为主，其中 26~35 岁的占 50.8%；学历以本科为主，占 49.3%；岗位以中层和普通职员为主，占 60.0%；行业以电子信息、通信和新能源为主，分别占 25.0%、23.7% 和 9.8%。

为保证及检验假设模型的稳定性，本文通过 SPSS 19 软件将样本随机分为"测定样本"（共 514 份问卷）和"效度样本"（共 516 份问卷）两个子样本。此外，为了检验展览服务质量评价三个维度所涉及的 11

个指标是否合理，本研究首先进行了探索性因子分析（见表7-4）。[1]
KMO 统计量和 Bartlett 球形检验结果均表明达到因子分析的要求，各评价指标方差解释度也较高（见表7-5），且均归入相应的维度（因子归类结果，见表7-6），3 个公共因子的累计方差贡献率为75.94%（见表7-7，样本2为75.66%），略低于80%的理想值，但累计方差贡献率是一个可变动的指标，可根据实际情况确定累计方差贡献的大小，[2] 最终本文考虑到因子的数量及归类结果，认为因子分析效果较理想。

表7-4　参展商展览服务质量评价指标相关系数矩阵

指标	硬件设施	环境卫生	展览氛围	指示标志	配套项目	观众询问	观众洽谈	意向合作	交流促进	交易促进	信息发布
硬件设施	1.000	0.701	0.581	0.550	0.517	0.435	0.371	0.335	0.454	0.464	0.473
环境卫生	0.701	1.000	0.590	0.573	0.564	0.419	0.339	0.277	0.432	0.397	0.437
展览氛围	0.581	0.590	1.000	0.601	0.528	0.523	0.456	0.400	0.483	0.478	0.500
指示标志	0.550	0.573	0.601	1.000	0.582	0.386	0.357	0.327	0.416	0.427	0.451
配套项目	0.517	0.564	0.528	0.582	1.000	0.421	0.386	0.338	0.438	0.423	0.455
观众询问	0.435	0.419	0.523	0.386	0.421	1.000	0.782	0.664	0.577	0.537	0.524
观众洽谈	0.371	0.339	0.456	0.357	0.386	0.782	1.000	0.769	0.603	0.548	0.549
意向合作	0.335	0.277	0.400	0.327	0.338	0.664	0.769	1.000	0.550	0.570	0.539
交流促进	0.454	0.432	0.483	0.416	0.438	0.577	0.603	0.550	1.000	0.766	0.735
交易促进	0.464	0.397	0.478	0.427	0.423	0.537	0.548	0.570	0.766	1.000	0.763
信息发布	0.473	0.437	0.500	0.451	0.455	0.524	0.549	0.539	0.735	0.763	1.000

注：以上相关系数对应的置信水平均为0.000，表明指标间高度相关。

表7-5　参展商展览服务质量评价指标的共同度

指标	初始	提取
硬件设施	1.000	0.686
环境卫生	1.000	0.741
展览氛围	1.000	0.661

---

① 吴明隆：《结构方程模型——AMOS 实务进阶》，重庆大学出版社，2013。
② 薛薇：《统计分析与 SPSS 的应用》，中国人民大学出版社，2001。

续表

指标	初始	提取
指示标志	1.000	0.657
配套项目	1.000	0.601
观众询问	1.000	0.816
观众洽谈	1.000	0.881
意向合作	1.000	0.798
交流促进	1.000	0.820
交易促进	1.000	0.859
信息发布	1.000	0.832

注：提取方法为主成分分析。

表7-6 参展商展览服务质量评价指标因子分析旋转成分矩阵

指标	1	2	3
环境卫生	0.835	0.119	0.170
硬件设施	0.776	0.150	0.248
指示标志	0.770	0.149	0.203
配套项目	0.720	0.198	0.211
展览氛围	0.717	0.316	0.218
观众洽谈	0.209	0.868	0.289
意向合作	0.136	0.816	0.336
观众询问	0.325	0.810	0.232
交易促进	0.268	0.304	0.833
信息发布	0.320	0.278	0.807
交流促进	0.282	0.357	0.783

表7-7 参展商展览服务质量评价指标因子分析解释的总方差

单位:%

成分	初始特征值			提取平方和载入			旋转平方和载入		
	合计	方差比	累积	合计	方差比	累积	合计	方差比	累积
1	6.066	55.142	55.142	6.066	55.142	55.142	3.346	30.416	30.416
2	1.479	13.442	68.584	1.479	13.442	68.584	2.572	23.382	53.797
3	0.807	7.340	75.924	0.807	7.340	75.924	2.434	22.127	75.924

成分	初始特征值			提取平方和载入			旋转平方和载入		
	合计	方差比	累积	合计	方差比	累积	合计	方差比	累积
4	0.544	4.948	80.872	—	—	—	—	—	—
5	0.460	4.179	85.051	—	—	—	—	—	—
6	0.388	3.527	88.578	—	—	—	—	—	—
7	0.322	2.925	91.503	—	—	—	—	—	—
8	0.283	2.572	94.075	—	—	—	—	—	—
9	0.254	2.308	96.382	—	—	—	—	—	—
10	0.225	2.047	98.430	—	—	—	—	—	—
11	0.173	1.570	100.000	—	—	—	—	—	—

注：提取方法为主成分分析。

　　此外，本文采用 Cronbach's α 系数和组合信度评判各潜变量的内部一致性，分析表明所有潜变量的 Cronbach's α 均在 0.80 以上，属于可接受的范围；[1] 同时组合信度也均在 0.80 以上，大于 0.60 这一门槛值。[2] 本研究通过 AMOS 22 软件对模型进行了验证性因子分析（见表 7 - 8），分析表明，所有潜变量对应测量指标的因素负荷量均在 0.50 以上，符合 Bagozzi 和 Yi 提出的准则。[3] 此外，通过验证性因子分析，各潜变量的平均提取方差（AVE）均大于 0.5，说明各潜变量聚敛效度较好。[4] 分析结果表明各潜变量的平均提取方差（AVE）大于其相关系数的平方（样本 1 中潜变量间最大相关系数的平方取值为 0.53，样本 2 为 0.49），说明本研究的概念具备良好的区分效度。[5] 基于以上分析，说

① 薛薇：《SPSS 统计分析方法及应用》，电子工业出版社，2007。
② 吴明隆：《结构方程模型—— AMOS 的操作与应用》，重庆大学出版社，2010。
③ 吴明隆：《结构方程模型—— AMOS 的操作与应用》，重庆大学出版社，2010。
④ 吴明隆：《结构方程模型—— AMOS 的操作与应用》，重庆大学出版社，2010。
⑤ Fornell C. , Larcker D. F. , "Evaluating Structural Equation Models with Unobservable Variables and Measurement Error," *Journal of Marketing Research* 18（1981）. 胡兵、傅云新、熊元斌：《旅游者参与低碳旅游意愿的驱动因素与形成机制：基于计划行为理论的解释》，《商业经济与管理》2014 年第 8 期。

明测量模型各指标均较为理想。

表 7 – 8 参展商展览服务质量评价指标信度与效度分析结果

潜变量与对应测量指标	Cronbach's α		组合信度		平均提取方差	
	样本 1	样本 2	样本 1	样本 2	样本 1	样本 2
物理环境	0.872	0.851	0.873	0.853	0.579	0.538
专业服务	0.902	0.914	0.903	0.915	0.757	0.781
核心利益	0.894	0.900	0.901	0.909	0.753	0.770
顾客参与	0.858	0.847	0.862	0.850	0.616	0.587
顾客满意	0.808	0.849	0.807	0.848	0.583	0.651

（二）实证分析结果

初始模型分析结果显示需要进行修正。笔者对修正指数（MI）进行分析，发现展商交流与工作人员交流，以及环境卫生与硬件设施两对指标变量的残差间存在共变关系。考虑到它们属于同一潜在变量，并没有违反结构方程模型的相关假定，[①] 因此本研究对这些共变关系进行了修正。修正后模型各项拟合指数为：CMID/DF = 2.786（样本 2，2.960，下同），RMR = 0.030（0.031），RMSEA = 0.059（0.062），GFI = 0.926（0.926），AGFI = 0.900（0.900）；增值适配度指标：NFI = 0.942（0.939），CFI = 0.962（0.959），IFI = 0.962（0.959）。综合考虑各类拟合指标，修正后的模型与样本数据拟合效果比较理想。

分析结果（见表 7 – 9 和图 7 – 3）表明，模型中所有假设均得到了支持，其中，顾客参与这一变量对服务质量评价的 3 个维度均存在显著的正向影响，这说明顾客信息交流活动的参与程度能有效提高他们对展览服务质量各维度的评价。物理环境、专业服务及核心利益对展商顾客满意均存在显著的正向影响，这说明服务质量各维度的评价都能对服务感知结果产生积极影响。此外，样本 2 的分析结果也进一步

---

① 吴明隆：《结构方程模型—— AMOS 实务进阶》，重庆大学出版社，2013；吴明隆：《结构方程模型—— AMOS 的操作与应用》，重庆大学出版社，2010。

印证了样本 1 的分析结果。

表 7 - 9　参展商展览服务质量评价模型估计结果

假设路径	样本 1		样本 2		假设检验结果
	标准化相关系数	T 值	标准化相关系数	T 值	
顾客参与 → 物理环境	0.716 **	12.619	0.759 **	12.359	接受假设
顾客参与 → 专业服务	0.856 **	16.865	0.831 **	15.638	接受假设
顾客参与 → 核心利益	0.804 **	15.303	0.775 **	14.764	接受假设
物理环境 → 顾客满意	0.296 **	4.905	0.166 *	2.603	接受假设
专业服务 → 顾客满意	0.224 **	3.399	0.400 **	6.090	接受假设
核心利益 → 顾客满意	0.311 **	4.877	0.154 *	2.562	接受假设

注:* 、** 分别表示在 0.01 和 0.001 水平下显著。

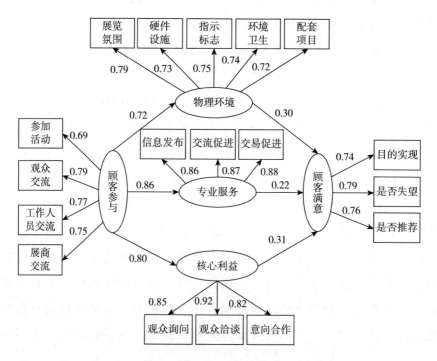

图 7 - 3　参展商展览服务质量评价模型分析结果

注:本图为样本 1 分析结果,仅保留小数点后两位,四舍五入。

通过以上分析，本研究所有的假设均得到了验证，表明顾客参与对服务质量评价的三个维度均存在正向影响，即顾客参与程度能显著提高物理环境、专业服务及核心利益的评价，顾客对物理环境、专业服务及核心利益三个维度的评价均对顾客满意存在正向影响。

（三）模型对参展商访谈录音文本资料的解释及其启示意义

为了检验本研究所归纳的参展商展览服务质量评价模型是否能概括案例企业服务质量涉及的内容，利用 ROST CM 6 软件对参展商访谈录音文本资料进行了语义网络分析及情感分析。

参展商访谈录音文本资料语义网络分析结果显示"M 科技展"属于核心词汇（见图 7-4），周围分布着"服务""遇到""渠道""管理""接触""人员""平台""发布会""传播"等词汇，通过查阅参展商访谈录音文本资料，发现这些词汇描述了参展商在报名参展前期通过不同渠道与展会工作人员建立了联系，这表明参展商可以借助多个平台进行信息发布及宣传等。此外，次级核心词汇包括"现场"（外围分布"报名""会展""媒体""效果"等词汇）、"场地"（外围分布"地方""论坛""申请"等词汇）、"门票"（外围分布"需求""购买""不够"等词汇），查阅文本材料，它们分别描述了参展商在展期申请会议室场地，邀请媒体进行宣传报道等，并反映展商工作人员较多，门票不够等。上述现象中，参展商利用网络平台、会议室等发布信息，体现了"物理环境"这一服务质量评价维度；借助媒体等进行宣传、发布信息等，属于案例企业提供的"专业服务"；关注宣传效果等属于服务质量评价中的"核心利益"这一维度。此外，参展商在展前及展期积极与案例企业工作人员接触，体现了参展商的"顾客参与"行为。

参展商访谈录音文本资料的情感分析结果显示，参展商对展会的服务及参展后的效果进行了评价，其中负面情感表现为案例企业临时要求展商自己购买网络配件、报名参展提交资料过多、展会现场指示不清晰、组织的买家不适应展商的需求、组织者内部沟通不畅给参展商工作

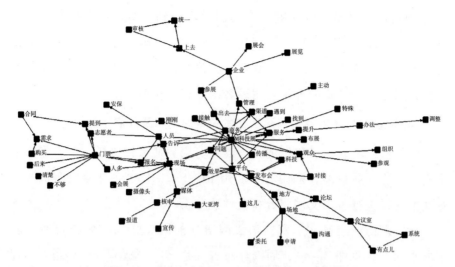

图 7 – 4　参展商访谈录音文本资料语义网络分析

带来困扰等，正面情感主要集中在合作单位代理参展商填写表格、对 M
科技展的观众质量整体表示认可、布展工作及物流进出等工作较为顺
利，以上内容反映了参展商对案例企业"核心利益""配套项目""指
示标志""交流促进"等展览服务质量评价维度或指标的感知，同时也
体现了参展商遵守参展流程（填写参展表格）、与案例企业"工作人员
交流"等（属于"顾客参与"）。语义网络及情感分析结果表明，本研
究所构建的参展商展览服务质量评价模型能较好地概括案例企业和参展
商对展览相关服务的感知及服务参与情况等，说明模型各指标所包括的
内容较为全面。

　　本研究所构建的展览服务质量评价模型为分析和比较不同行业服务
产品质量评价内容和方法提供了一个可行的路径，对深化企业对服务产
品的理解具有启示意义。此外，本研究服务质量评价模型中对专业服务
维度、共同性要素的分析，以及重视顾客参与对服务质量评价结果的影
响等对服务企业的管理有一定的启示意义。

　　1. 企业在关注共同性要素的同时，应提高自身专业技能

　　服务主导逻辑中资源被划分为操作性资源和对象性资源，同时认为

服务生产的本质是"互惠服务"。[①] 本研究基于服务主导逻辑的资源分类理论，认为操作性资源构成了服务质量评价的"专业服务"维度，反映了企业所在行业的特征及企业（含企业员工）对专业知识和技能等的掌握程度，同时是企业为顾客创造价值的重要来源，将直接影响顾客对服务产品质量的评价。此外，现有相关研究成果表明服务人员的态度和行为，如可靠性、移情性、响应性等对顾客的服务感知及评价有重要影响，属于共同性要素。因此，笔者认为企业应兼顾所属行业的个性特征及服务行业的共性，在注重提高专业服务水平的同时，也要确保工作人员的服务态度及行为等。

2. 顾客参与程度的增强可提高服务产品质量评价水平

服务主导逻辑提出所有的经济都属于服务经济，[②] 同时认为顾客是服务价值的共同创造者，如对以有形产品为基础而提供的服务，其被储存的价值要得到发挥，顾客须学会如何使用、维护和修理这些商品。本研究将顾客参与视为影响服务质量评价的前置变量，其研究结果表明，顾客参与行为对服务质量评价有显著的正向影响。因此服务企业应鼓励顾客参与服务质量评价，并对服务设备或流程加以改进，使顾客能更好地参与服务产品的生产或提供过程中，如银行通过提供自助柜员机实现顾客自助存取款等，最终可提高顾客对服务产品质量的评价。

四　展览现场空间中的操作性资源和对象性资源

（一）展览现场是一个"策划"出来的空间

展览活动的举办为参展商及观众提供了信息交流机会，在面对面交

---

① Vargo S. L. , Lusch R. F. , "Evolving to A New Dominant Logic for Marketing," *Journal of Marketing* 68 （2004）.

② Vargo S. L. , Lusch R. F. , "Evolving to A New Dominant Logic for Marketing," *Journal of Marketing* 68 （2004）.

流的情况下，信息交流功能的实现须借助一个物理空间。本研究所归纳的参展商展览服务质量评价模型中，物理维度所包括的内容也涉及展览空间，如"展览氛围""指示标志"等，深入理解展览空间可提高企业的服务管理能力。"空间"一直是学者讨论的焦点，如亚里士多德将空间视为事物存在和运动的方式，认为它是无限的、永恒的区域；笛卡儿则从几何的意义上理解空间，认为它是一切事物存在和发生的场所。[①] 20 世纪 70 年代西方人文社会科学理论界出现了"空间转向"说，其主题在于追问、彰显空间的社会性及其对人、社会的价值。[②] 目前，国内外学者对展览空间的研究主要将其视为一个物理空间，研究展览建筑及展示空间规划、设计等，如国外学者认为展览空间布局需要考虑空间利用率、空间吸引力、观众便捷性、参观路线、内部通道景观、模块设计、空间导航、空间的可视性及观赏性等，[③] 国内学者对展览空间的研究主要集中在艺术及建筑设计领域，研究内容包括空间氛围[④]、空间的语义化[⑤]、展览空间的场景性、空间色彩及材料运用、展馆建筑及馆内

① 王丰龙、刘云刚：《空间的生产研究综述与展望》，《人文地理》2011 年第 2 期。

② 孙九霞、周一：《日常生活视野中的旅游社区空间再生产研究——基于列斐伏尔与德塞图的理论视角》，《地理学报》2014 年第 10 期；沈学君：《西方社会科学研究中的新领域：空间政治》，《福建论坛》（人文社会科学版）2013 年第 10 期。

③ Schneuwly P. , Widmer M. , "Layout Modeling and Construction Procedure for the Arrangement of Exhibition Spaces in a Fair," *International Transactions in Operational Research* 10 （2003）. Wu M. , *Planning and Designing Social Spaces within Trade Shows and Exhibitions* (Manitoba: University of Manitoba, 2004）. Lin H. T. , Lawrence W. L. , "A New Interactive Guiding System With Social Networking Services at Exhibitions," *The Electronic Library* 32 （2014）. Moon H. S. , Kim J. K. , Ryu Y. U. , "A Sequence – based Filtering Method for Exhibition Booth Visit Recommendations," *International Journal of Information Management* 33 （2013）. Demir C. , "Graphic Design for A Permanent Exhibition: Exhibition Design of the Museum Mimar Kemaleddin," *Procedia – social and Behavioral Sciences* 51 （2012）. Rohloff I. K. , *Museum Gallery Layouts and Their Interactions with Exhibition Narratives and Space Use Patterns: An Investigation of the YCBA, the MOMA and the HMA Galleries* (Ichigan: The University of Michigan, 2009）.

④ 刘民坤：《会展社会影响评价尺度构建》，《旅游学刊》2010 年第 9 期。

⑤ 胡国梁、刘超：《走向语义化的展览空间设计——以上海"世博"丹麦馆、中国馆为例》，《装饰》2011 年第 9 期。

空间设计等。[1]

展览现场空间是一个社会空间，该空间聚集了大量的供应商和目标客户，为参展商及观众的信息交流提供了机会[2]，现有研究也表明展馆的不同区域对展商和专业观众的吸引力有差异[3]，因此本书重在研究展览空间的社会属性。笔者从服务主导逻辑两类资源分类的角度对展览现场空间进行分析，认为展览现场对象性资源的分布将对展馆中各区域的区位条件产生影响；展览组织者如何对这些对象性资源进行设计，如将展览现场划分为不同性质的小区域等，反映了展览组织者所拥有的操作性资源情况；展览现场空间的区位因素对参展商展览服务质量评价指标感知结果具有影响。

(二) 对象性资源在展览现场空间的分布

展览现场空间的开放性译码显示，展览现场的对象性资源可分为功能性要素和氛围营造要素等，功能性要素，包括过道、展台、展品、会议室、隔离设施、安检扫描仪、空调设施、导流设施等，氛围营造要素包括宣传海报、标识系统、显示屏、鲜花、绿植等。现有相关研究表明，展馆不同区域的吸引力有差异[4]，根据区位理论，距离生产资源或市场较近的区域往往有一定的竞争优势[5]。笔者对案例企业 2014 年 M 科技展展位图进行分析发现，对象性资源所包括的功能性要素，如服务

---

[1] 胡晔、张灿辉：《场景于展览空间的意义》，《山西建筑》2011 年第 20 期；李如璋、马金祥：《商业展览空间中色彩与材料倾向性研究——"品牌"展示空间的色彩、材料倾向性分析提案》，《东北农业大学学报》（社会科学版）2011 年第 4 期；刘羽思、邹越：《城市会展建筑的展览空间结构语言创作》，《北京建筑工程学院学报》2011 年第 1 期；范文强、张书鸿：《探析空间的灵活性在展览空间中的应用》，《艺术与设计》2012 年第 7 期；王林：《交叉与融合：博物馆展览空间功能解析》，《建筑创作》2010 年第 10 期。

[2] 罗秋菊、保继刚：《参展商参展目的、绩效评估及其相关关系研究——以东莞展览会为例》，《旅游科学》2007 年第 5 期。

[3] Schneuwly P., Widmer M., "Layout Modeling and Construction Procedure for the Arrangement of Exhibition Spaces in a Fair," *International Transactions in Operational Research* 10 (2003).

[4] Schneuwly P., Widmer M., "Layout Modeling and Construction Procedure for the Arrangement of Exhibition Spaces in a Fair," *International Transactions in Operational Research* 10 (2003).

[5] 金相郁：《20 世纪区位理论的五个发展阶段及其评述》，《经济地理》2004 年第 3 期。

设施、物品或道路等在展馆或展厅中存放的位置相对固定，而这些设施或物品能支持参展商和专业观众开展信息交流活动，这些对象性资源在展厅中的分布造成了不同区域对参展商和专业观众的吸引力有差异，形成具有不同区位条件的小区域。以 M 科技展 1 号展厅为例，案例企业通过扶梯将该展厅内的观众及展商等引导到 2 楼平台，且将该区域设为休息区，案例企业将 1 号展厅内靠近二楼休息平台的展示区域（该区域有多个出入口通往 2 楼休息平台）视为 A 类区，将展厅的边缘区划为 B 类区。

此外，专业观众参观的路线一般是按照展览组织者设计的"过道"进行，因此"过道"可视为一条承载观众资源的通道，而特定展位与这些通道的接触面越广，其获取的与专业观众进行信息交流的机会就越多。对 1 号展厅的展位图进行分析发现，展厅的中心区域一般有主通道贯穿，最终案例企业将该中心区域也视为 A 类区。

（三）不同类型的小区域反映展览组织者的操作性资源

1. 板块空间——同类型的参展商相对集中

展览现场空间的社会属性对其规划和设计产生了影响。展览活动的开展为展商及观众提供了一个信息交流平台，展览现场聚集了大量的供应商和目标客户[①]，可以节约参展商与专业观众的交易费用[②]；展览活动背后隐藏的经济规律对展览组织者的空间规划和管理产生了影响，如对总结讨论会录音文本资料进行分析，发现案例企业将同类参展商集中于一个区域，以保持展会的专业性，提高展商及专业观众参展效果等。"大综合、小专业是 M 科技展的展览组织模式。第十五届的时候，有个展区搞移动互联，规模不大，2014 年我们做了智能穿戴……"（受访者言）。此外案例企业将 M 科技展划分为不同的展区，在展览现场形成了

---

① 罗秋菊、保继刚：《参展商参展目的、绩效评估及其相关关系研究——以东莞展览会为例》，《旅游科学》2007 年第 5 期。

② 笪凤媛、张卫东：《交易费用的含义及测度：研究综述和展望》，《制度经济学研究》2010 年第 1 期。

不同"特点"的区域，如"在绿色建筑主题展区做了独立的展商区域，在 VI 的基础上，加立柱，加标识，加吊旗，使整个展区浑然一体"（受访者言），形成了不同的"板块空间"。考虑到展览现场空间是展览组织者策划出的空间，反映了组织者对展览空间功能的认识等，因此它体现了展览组织者所具有的"操作性资源"。

2. 流动的空间——不同类型的展商存在互补

专业观众的参展目的具有多样性，包括认识新客户、了解产业信息等[1]，因此专业观众可能穿梭于不同展区，最大化地实现自己的目的，此时不同展区间存在互补。总结讨论会录音文本资料分析结果显示，案例企业将需求相近的专业观众组织成一个参观团队，基于他们的需要，制定具体的参观路线，将分布在不同展馆的相关展商连接起来，从而形成一个"流动的展览空间"，如"主题参观路线活动……得到了香港特邀观众的追捧……问的细，而且对路线有要求，希望按照他们的要求，问完后再走，所以今年行走的时间长，往年 70 分钟，现在 2 个小时"（受访者言）。

3. 公共及私有空间——公共空间提升私有空间的价值

对展览现场空间的性质进行分析发现，展览现场空间存在公共及私有两种类型的空间，前者为展览组织者所有，后者将出售或租赁给参展商。展览活动的组织是一种商业行为，展览企业获取经济利益最直接的方式是出租展位。但考虑到展商和观众在参展过程中还有一些其他需求，如休息、用餐等，因此展览组织者规划及保留了一部分辅助空间。以 M 科技展为例，公共空间包括专业观众参展通道、休息区域等，私有空间包括展位、会议室等。对两者功能进行分析，发现对公共空间的设计和管理，其最终目的是更好地服务于展商，如总结讨论会录音文本资料中案例企业公司领导表示，"我们展商卖的是什么，我们卖的不是展位而是观众，只有有了好的观众，展商的付出才是有

---

① 罗秋菊、保继刚：《参展商参展目的、绩效评估及其相关关系研究——以东莞展览会为例》，《旅游科学》2007 年第 5 期。

价值的"。因此本研究认为展览组织者设计及规划公共空间，其目的是更好地服务于展商及观众，以吸引更多的观众参展，提高私有空间的价值。

五 区位条件对参展商展览服务质量评价指标感知结果的影响

对象性资源分布形成的区位条件对参展商服务评价会产生的影响，本研究以 1 号展厅的展位为分析对象，构建了中心性、临近度 2 个指标（见表 7 – 10）。

表 7 – 10 展厅 1 各区域中心性及临近度指标构建

序号	指标	指标构建说明
1	中心性	在 1 号展厅展位图中，基于东、西走向的 3 条通道，笔者将其划分为 4 个横向区域（简称"行"）；考虑展厅的对称性，"行"的中心性有"2"和"1"两个取值，此时由北向南，各"行"的中心性依次取值为："1""2""2""1"。同时考虑到该展厅有 4 个扶梯通入 2 楼休息区域，它们可构成南、北方向的 4 条通道，因此笔者将该展厅平均划分为 5 个纵向区域（简称"列"）；考虑对称性，"列"的中心性有 3 个取值，此时由西向东各"列"中心性依次取值："1""2""3""2""1"。展厅最终被划分为 20 个小的区域，可基于"行""列"两个不同方向的中心性取值之和确定其最终的中心性。其"行"的中心性取值为"1"，"列"的中心性取值为"3"，因此其最终中心性为"4"
2	临近度	本研究将靠近休息平台的区域视为临近度最高的区域，标记为"4"，其他区域依次降低，共有"4""3""2""1"四个取值。

注：对于各展位所处区域的判断，以其几何中心，即对角线交点所在区域为标准。

区位条件的差异可能影响参展商的展览服务评价，因此笔者将中心性、临近度指标与参展商的展览服务质量评价指标进行了相关性分析[①]发现，在区位条件好的区域，参展商并没有对展会专业观众的数量或质量给予更好的评价，中心性和临近度两个指标并没有与观众询问、观众

---

① 本研究向参展商发送的展览服务质量评价调查问卷记录了各展商对应的展位编号，可以据此确定各展商在展位图中所处的区域，最终用于分析区位条件因素对参展商服务质量评价的影响。

洽谈等指标正相关，而临近度与硬件设施、环境卫生等指标负相关。笔者认为可能的原因是：优越的区位条件代表着更高的参展成本，因此展商对展览的期望也高；临近度高的区域，展商所接待的专业观众的数量和质量并没有显著提高（见表 7－11），最终影响了他们对展览服务质量评价指标的感知。

表 7－11　参展商展览服务质量评价指标与展览现场空间指标的相关性分析

评价项目	中心性		临近度	
	Pearson 相关性	显著性（双侧）	Pearson 相关性	显著性（双侧）
硬件设施	0.071	0.163	− 0.215 **	0.000
环境卫生	0.088	0.086	− 0.282 **	0.000
展览氛围	0.104 *	0.041	− 0.278 **	0.000
指示标识	0.119 *	0.020	− 0.174 **	0.001
配套项目	0.084	0.100	− 0.177 **	0.000
观众询问	0.042	0.415	− 0.047	0.360
观众洽谈	0.051	0.321	− 0.031	0.548
意向合作	0.012	0.807	0.043	0.400
交流促进	0.011	0.826	− 0.021	0.678
交易促进	0.032	0.528	− 0.034	0.505
信息发布	0.019	0.709	− 0.051	0.321
是否失望	− 0.059	0.247	0.002	0.968
目的实现	0.003	0.947	0.068	0.191
是否推荐	− 0.027	0.600	− 0.042	0.416

注：* 、** 分别表示在 0.05 和 0.01 水平下显著。

六　本章小结

学界对服务质量评价方式和内容存有分歧。本研究基于服务主导逻辑的操作性资源和对象性资源划分，以及顾客参与情况影响服务价值创造结果等观点，将服务质量评价内容划分为物理环境、专业服务及核心利益三个维度，同时认为服务人员的态度和行为等属于共同性要素，可影响顾客服务参与的积极性，进而影响价值创造结果及服务产品质量评价等。考虑到共同性要素的提出涉及顾客与服务人员及顾客与服务设备之间等不同的交互界面，且需要对不同行业进行全面、系统分析，笔者提出将顾客参与作为服务质量评价的前置变量，间接分析共同性要素的影响作用，最终建立了参展商展览服务质量评价模型。该模型认为所有服务产品质量的评价都可以包括物理环境、专业服务及核心利益三个维度，而它们之间的差异主要通过各维度包括的亚维度得到体现，因此有利于将不同行业的服务产品纳入同一质量评价模型进行比较等。

此外，本研究基于操作性资源和对象性资源的划分，对展览现场的空间进行了分析。通过对 2014 年 M 科技展 1 号展厅进行分析发现，服务设施（如电梯）、通道及休息场地等对象性资源的分布对展览现场空间的区位条件产生了重要影响，越靠近这些资源的区域，其区位条件越好。此外，展览现场是一个社会空间，同时也是一个经展览组织者设计及规划后形成的空间，笔者对这一空间分析后发现，它形成了不同性质的小区域，如同一展厅内的优、劣势区域（不同区位条件），不同主题的板块空间以及展览组织者将板块空间串联形成的流动空间，公共和私有空间等；这些微观尺度空间的划分及形成是展览组织者操作性资源的体现。本研究基于对象性资源的分布构建了衡量展厅内各区域区位条件的两个指标，即中心性和临近度，发现区位条件指标与专业观众分布情况并没有显著的相关性 ①，但临近度指标与硬件设施等指标负相关，说明参展商较高的参展期望和成本会影响其对相关展览服务质量评价指标的感知。

---

① 调研问卷中没有直接询问参展商接待专业观众的数量，而是让参展商从自身感知角度对观众接待情况进行评价。可能参展商感知上的差异，导致他们对不同区域专业观众数量和质量的评价发生偏差，进而影响研究结果。

|第八章|

结　论

一　研究结论及意义

（一）研究结论

服务主导逻辑自 2004 年提出以来，在服务营销及管理等领域激发学者进行了广泛讨论。笔者对现有服务主导逻辑相关研究进行总结，发现学者对服务资源的分类、企业如何整合各类资源以共同为顾客创造价值等方面的研究存在不足，本研究基于服务主导逻辑操作性资源及对象性资源划分、所有服务主体都是资源的整合者及顾客是服务价值的创造者等观点，从企业的服务生产（或提供）及顾客服务评价（消费）两个视角，对展览企业向参展商提供服务所需要的资源、采取的资源整合措施及参展商的展览服务质量评价等进行了研究，得出了以下结论（见图 8 - 1）。

1. 展览服务资源分类及整合分析

在服务生产方面本研究利用 ROST CM 6 文本内容分析软件对案例企业的《参展手册》进行了分析，通过将高频词汇分类，发现存在"事件及服务项目"一类的高频词汇，这表明展览企业向参展商提供的服务并不是一个完整、不可再分的产品，它可再划分为不同的亚层次服务项目，这些服务项目及其之间的关系等形成了"服务产品结构"（见

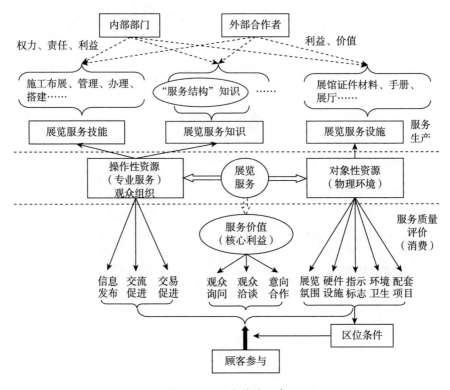

图 8 – 1 研究结论示意

图 8 - 1）。笔者将服务提供者或操作者对"服务产品结构"的掌握视为一种"知识"（命名为"服务结构"知识），认为它是一种重要的操作性资源。

对于展览企业内、外部资源整合，本研究发现案例企业基于服务项目成立了相应的部门；此时部门成为容纳并发展操作性资源和对象性资源的"容器"，案例企业内部资源整合通过部门间协作得以实现。笔者通过对案例企业内部资源整合过程进行分析，归纳出"权力渗透、责任传递、利益分配"这一核心范畴，即企业确定具体服务项目的负责部门，赋予该部门向其他部门发出协作需求的权力（不直接干预其他部门的运营），同时有权对其他部门的协作执行情况进行考核，并将考核结果与部门绩效建立联系，最终实现整合各部门资源共同为参展商提供服务。

服务主导逻辑下合作企业基于共同的目标形成服务网络，当该目标实现后，成员间的合作关系即结束，此时企业间的合作表现出临时性和短暂性等特征。案例企业与外部单位或机构的合作关系存有"松散型"的特征。笔者对案例企业外部资源整合过程进行分析，归纳了"利益统一，价值创新"这一核心范畴。其中"利益统一"是指重视对服务企业、外部合作者及顾客利益的分析，资源整合要以满足顾客和外部合作者的需求为目标，它是服务企业与合作者构建服务网络的基础；"价值创新"是指充分利用服务资源用途多样性的特征，在保持资源原有性质或功能的情况下，在特定使用情境中（如展览举办）创新其使用方式，使资源发挥出更大的价值，最终确保服务网络的建立。该模式不需要改变合作者资源的用途，也无须购置专用资产等，因此双方间的合作关系较为灵活，合作成本也较低，能较好地适应于服务主导逻辑所描述的临时性和短暂性等特征。

2. 展览服务生产所需要的资源可反映参展商展览服务质量评价的内容

在顾客服务质量评价方面，本研究基于服务主导逻辑操作性资源和对象性资源划分，以及顾客参与服务提供，顾客是服务价值创造者等观点，构建了一个参展商展览服务质量评价模型。在该模型中，"专业服务"（对应操作性资源）、"物理环境"（对应对象性资源）和"核心利益"（对应顾客创造及获得的利益）构成顾客服务质量评价的三个维度，而"顾客参与"是影响其服务质量评价的重要因素，它们受服务人员"可靠性""移情性""响应性"等共同性要素的影响（表现为服务态度及行为等）。笔者基于现有学者对参展商展览服务质量评价等内容的分析，研究了参展商展览服务质量评价三个维度所包括的具体指标，最终构建了参展商展览服务质量评价模型，并通过在展览现场发放问卷，对模型进行了实证分析。

此外，笔者认为对象性资源在展馆中的分布影响展位的区位条件，馆内展览空间的规划反映了服务提供者的操作性资源等。笔者通过对第十六届 M 科技展的展览空间进行了分析，并构建两个体现空间区位条件的指标，研究了展位区位条件对展商服务质量评价指标感知结果的影响，表明在区位条件未对专业观众分布造成明显影响的情况下，较好的区位条件对应了较高的参展期望和成本，影响了参展商的服务感知或评价。

（二）研究意义

笔者对案例企业展览服务过程中所需要的资源进行了分析、归类，同时对案例企业内外部资源整合过程、参展商展览服务质量评价模型等进行了研究，其结果对服务主导逻辑资源分类及整合理论、服务产品结构相关理论，以及服务质量评价等理论的发展具有较好推动作用。

1. 本研究深化了服务主导逻辑的资源分类、整合理论

（1）服务主导逻辑提出操作性资源可以划分为知识和技能，认为服务"知识"具有决定企业及其服务产品竞争力的作用，具有可证实、能表达、可进行逻辑运算等特征；而"技能"为个体对外界环境的一种"应对"，表现为"知道如何操作"。服务主导逻辑虽然提出了"知识"和"技能"的概念，但并没有通过一个具体的案例来分析两者的表现形式。笔者在对案例企业展览服务所需资源进行分析及归类的基础上，将服务提供者对服务产品所包括服务项目及服务项目之间关系的掌握视为一种"知识"，将其定义为"服务结构"知识，认为它是一种重要的操作性资源。该概念的提出有利于进一步区分操作性资源中"知识"与"技能"，同时可推动服务"知识"的内涵、表现形式等方面的研究。

（2）服务主导逻辑认为所有的经济和社会主体都是资源的整合者，[①] 但服务主导逻辑并未提出企业应如何整合操作性及对象性资源。本研究对案例企业内、外部资源整合规律的分析较好地弥补了这方面的不足。例如，笔者通过对案例企业内部资源整合过程进行分析，发现案

---

① Vargo S. L. , Lusch R. F. , "Evolving to A New Dominant Logic for Marketing," *Journal of Marketing* 68 （2004）.

例企业基于服务项目成立了不同的部门，各部门在相关服务项目上表现出较强的专业性（属于操作性资源），而案例企业对其配置一定的设备、设施等（属于对象性资源）；在外部合作者资源整合过程中，外部单位或机构在特定服务项目上具有设施、设备或专业性优势（对象性资源和操作性资源）。在上述两种情况中，"部门"及"外部单位或机构"是容纳特定操作性和对象性资源的"容器"，此时操作性资源和对象性资源的整合可通过部门协作或双方企业建立合作关系的方式实现。

（3）笔者通过对案例企业内部资源整合过程进行分析，归纳出"权力渗透、责任传递、利益分配"这一核心范畴，认为资源属于哪个部门并不重要，重要的是服务项目的负责部门拥有调动资源的权力，该模式既保持和发挥了各部门操作性资源上的优势，同时也克服了传统服务管理理论中技术性框架缺乏协作激励机制等方面的不足。笔者通过对案例企业外部资源整合过程进行分析，归纳出"利益统一，价值创新"这一核心范畴，该模式发挥了资源用途多样性的特征，降低了合作的成本等，使各类资源在展览这一特定情境中发挥了更大的价值，能较好地适应服务主导逻辑所描述的企业间临时性、短暂性的合作关系。

2. **本研究深化了对服务产品结构的认识，有助于服务产品结构相关理论的形成**

科特勒认为产品可划分为核心利益、基本产品、期望产品、附加产品、潜在产品等不同层次[①]。本研究基于服务主导逻辑操作性资源和对象性资源分类，及操作性资源可划分为"知识"和"技能"的观点，对案例企业展览服务所需资源进行分析，发现展览服务产品包括不同的服务环节或内容，这反映了参展商在参展过程中有不同的需求（即"核心利益"可以再细分），进而提出服务产品并不是一个不可再分的整体，而是由更低层级的服务项目构成。对于基本产品，它属于服务主导逻辑所描述的对象性资源，是服务产品价值的传递或依附方式，可影

---

① 菲利普·科特勒、凯文·莱恩·凯勒：《营销管理》第13版，王永贵等译，格致出版社、上海人民出版社，2009。

响服务人员的操作流程及服务方式等。

与科特勒的产品层次结构理论相比，笔者认为对于服务产品结构的分析不应侧重于基本产品或基本产品所占的比例，而应侧重于服务产品由哪些服务项目构成，服务项目之间的关系如何，以及服务项目的组合如何对服务产品的竞争力产生影响等。服务主导逻辑提出所有经济都是服务经济，所有服务产品由操作性资源和对象性资源构成等，因此本研究所归纳的服务产品结构模型适应于所有产品（包括传统服务及有形产品）。"纯粹的有形产品"及"纯粹的服务"体现了两类产品在服务价值传递机制上的差异，如"纯粹的有形产品"中服务价值主要通过有形产品传递，顾客参与程度较高；"纯粹的服务"其价值的传递需要的有形产品较少，主要通过服务人员的活动或行为等实现传递，因此从另一个侧面解释了服务产品分类问题。

3. 本研究以展览服务为例构建了一个新的服务质量评价模型，使不同服务产品纳入同一模型进行比较

学界对服务产品质量评价方式和内容等存有分歧。不同行业间所生产或提供的产品差异较大，导致学界所选取的服务质量评价指标差异较大，对服务产品质量评价的研究缺乏一个统一的分析框架。服务主导逻辑提出有形产品是服务价值的一种传递方式，所有的经济都是服务经济，即认为所有服务产品都可能既包括有形要素（如"物理环境"维度）也包括无形服务要素（如"专业服务"维度），因此不再需要区分"客观质量"和"感知质量"。有形要素和无形服务要素是服务质量评价的两个方面，所有产品的质量评价都可以直接基于顾客的服务感知结果。本研究基于服务主导逻辑操作性资源和对象性资源划分，以及服务的目的是为顾客创造价值等观点，提出任何服务产品的质量评价都包括"专业服务""物理环境""核心利益"三个维度，"顾客参与"可视为影响其服务质量评价结果的前置变量，它受共同性要素的影响，为分析、比较不同服务产品质量评价内容提供了一个可行的路径。

本研究对提高服务企业管理水平（包括展览企业），改善企业服务效果有一定的实践指导意义。在企业间竞争日益激烈的情况下，企业的创新能力对其未来发展有重要影响。笔者通过对案例企业服务提供过程进行分析，提出了"服务结构"知识这一概念，有利于推动企业从自身服务产品包括的服务项目及服务项目之间的关系等角度来实施服务创新等工作。与此同时，本研究发现顾客在"享受"服务的过程中，其行为受到多个条件的约束，而突破这些条件的约束可以成为服务企业创新的方向。例如，案例企业通过引入新设备，改变企业的服务提供方式，提高了顾客的参与性，这对其他企业进一步审视自身的服务提供行为具有启示意义。在顾客管理方面，本研究基于服务主导逻辑构建的服务质量评价模型对企业的服务管理也具有启示意义。例如，企业应区别对待"物理环境""专业服务""核心利益""顾客参与"及共同性要素对顾客服务产品质量评价的影响，其中"核心利益"是顾客最终的消费目的；"物理环境"和"专业服务"是顾客利益实现的支撑条件；而"顾客参与"影响顾客的价值创造活动，进而影响顾客对服务产品质量的评价；以上场受可靠性、移情性、响应性等共同性要素的影响，该结果对服务（包括展览服务）管理及研究具有较好的启示意义。

二　研究局限与展望

（一）研究局限

扎根理论重视分析结果的可外推性，提出通过分析不同的事件而丰富展览服务的范畴及其面向等，[①] 因此采取的是理论抽样（可归纳及分析范畴不同的面向）而非统计抽样。本研究在对案例企业进行分析的过程中，分析了各个范畴不同的面向，揭示了展览服务提供过程中存在的各种问题；如在内部资源整合过程中分析了"分配责任""权力有

---

① Anselm Strauss、Juliet Corbin：《质性研究概论》第一版，徐宗国译，台北，巨流图书公司，1997。

限""制定机制"等范畴的面向，归纳了案例企业不同类型的责任界定问题、权力受限事件和采取的措施等，最终所归纳的结论能较好地解决上述问题或现象，使结论的可外推性得到提高。一是本研究提出可以借鉴案例研究中的典型案例分析方法，将案例划为不同的类型，并通过对典型案例进行研究及对比不同类型的案例，进一步丰富理论或检验理论的适应性等。但本研究在抽样检验方面也存在一些不足，如研究的案例企业属于国有性质，虽然在理论抽样阶段也分析了外资企业在中国举办的 5 个展览活动，但分析的资料较少涉及企业内部资源整合，影响了理论检验效果，因此在理论抽样阶段还可以再次补充不同类型的企业，对本研究的分析结果进行检验。

扎根理论学者基于案例研究所形成的结论，认为理论的外推性取决于其他企业与案例企业的相似程度，与案例企业相似度越高，则解释程度越大。[①] 本书分析的案例企业，属于多部门、多外部合作者的展览企业，由于其规模较大，且已经在高新技术产品领域具有较高的知名度，因此其对内部部门间资源整合既有较高的需求，同时也存在一定困难；而在外部资源整合方面，受政府支持及其行业内地位的影响等，案例企业在整合合作者资源等方面存在优势。笔者认为该案例企业属于具有一定规模、市场影响力较大的展览企业，其国有企业的性质也对其资源整合过程等产生影响，因此所归纳的"权力渗透、责任传递、利益分配"企业内部资源整合模式及"利益统一，价值创造"外部资源整合模式在规模较小或市场地位较低的展览企业（或其他服务企业）中是否适应等可做进一步的分析。同时，本研究针对部分问题所获取的资料也相对有限，如在分析操作性资源和对象性资源变化规律的过程中，仅分析了案例企业《参展手册》等文本资料，由于该资料所反映的服务创新内容主要集中在信息技术运用等方面（如 CIS 系统、会刊系统等），因此得出的结论是否适用于其他服务创新行为等可做进一步的分析。

---

① Anselm Strauss、Juliet Corbin：《质性研究概论》第一版，徐宗国译，台北，巨流图书公司，1997。

在资源整合方法和策略等方面，目前学者已根据资源基础观等理论[1]，对企业间的资源整合行为进行了系列研究，如合作渗透、外部并购、企业网络等[2]，但现有研究一般是基于企业资产的专用性[3]，企业间的合作关系一般较为稳定和长期。本研究基于服务主导逻辑下企业间合作关系具有临时性和短暂性等特征，发现企业间可基于资源用途多样性，通过"利益统一、价值创新"等措施构建合作网络。但本研究并未进一步分析两者之间的差别或相互之间的借鉴意义，对此可做进一步的研究。本研究所构建的展商服务质量评价模型也存在一些不足，如未对共同性要素做进一步的分析及归纳；在间接分析共同性要素的影响作用时未能排除其他因素，如顾客的自我效能[4]等个性特征的影响；在构建的模型口未对词频分析所获得的操作性资源和对象性资源进行相对应的分析与归纳；等等。

（二）研究展望

在后期研究方面，本研究虽归纳出"服务结构"知识属于操作性资源，但未对其做深入研究，后期可一进步归纳不同层级的员工"服务结构"知识的差异，以及"服务结构"知识如何决定服务企业及服务产品的竞争力的问题。服务主导逻辑坚持了资源可划分为操作性资源和对象性资源的观点，本研究在对案例企业内部及外部资源整合过程的分析中，认为企业内部各部门及外部合作者在具体服务项目上表现出来的专业性属于操作性资源，而公司对部门分配的设备、场地资源等或外部合作者拥有的设施、设备等属于对象性资源，据此提出"部门"和"外部单位或机构"是容纳这些资源的"容器"，对内、外部资源的整

---

① Barney J. B. , "Firm Resources and Sustained Competitive Advantage," *Journal of Management* 17 (1991) .

② 叶学锋、魏江：《关于资源类型和获取方式的探讨》，《科学学与科学技术管理》2001 年第 9 期；王树祥、张明玉、郭琦：《价值网络演变与企业网络结构升级》，《中国工业经济》2014 年第 3 期。

③ 吴海平、宣国良：《价值网络的本质及其竞争优势》，《经济管理》2002 年第 24 期。

④ 郑兵、金玉芳、董大海等：《中国本土物流服务质量测评指标创建及其实证检验》，《管理评论》2007 年第 4 期。

合可通过部门协作、与外部单位或机构建立合作关系等方式实现。但该分析未能深入对比案例企业在整合操作性资源和对象性资源过程中所采取的措施是否存在差异，后期可在这一方面做进一步的研究。对顾客服务质量评价，后期研究可对共同性要素做进一步的分析和归纳，以及在新的服务质量评价模型中，将反映顾客主体差异的因素纳入模型进行研究。

服务主导逻辑被认为可以形成一种新的商业或营销视角，[1] 本研究在利用该理论分析案例企业展览服务提供及参展商展览服务质量评价的过程中，仅重点分析了操作性资源和对象性资源分类对企业或顾客相关行为的影响，而顾客是服务价值的创造者和决定者，企业可参与顾客服务价值创造的观点是服务主导逻辑的另一重要内容之一，在展览企业中，参展商是否寻找到合适的潜在客户是判断参展成败的关键要素之一，而影响参展商客户寻找结果乃至后期交易成败的因素体现在展前、展中（展览活动举办期间）及展后的不同阶段，但目前展览企业服务管理的重点一般集中在展前和展中这两个阶段，且对展中这一时期的管理也集中在"工作时间"，而展中的"非工作时间"（如展中参展商的闲暇时间管理）及展后的顾客服务管理可能是影响展商参展成败的另一关键要素。因此，根据服务主导逻辑提出的企业帮助顾客创造及实现服务价值这一角度出发，展览以及展中"工作时间"的结束并不代表服务工作的完成，展后及展中闲暇时间与参展商的交流、互动如何影响其参展效果及再次参展意愿等可以作为后期研究的一个方向。

---

① Chris M. , "Rhetoric and the Foundation of the Service – dominant Logic," *Journal of Organizational Change Management* 7（2014）.

参考文献

中文文献

安贺新：《服务公平对顾客体验、顾客满意与顾客忠诚影响机理的实证研究——基于对北京市部分酒店的调查数据》，《中央财经大学学报》2012 年第 1 期。

安万青：《展览空间艺术氛围的营造》，《艺术广角》2007 年第 4 期。

Anselm Strauss、Juliet Corbin：《质性研究概论》第一版，徐宗国译，台北，巨流图书公司，1997。

蔡礼彬：《SSME 背景下的会展服务创新研究—— 以青岛 2014 世界园艺博览会为例》，《经济管理》2012 年第 10 期。

蔡宁、吴结兵：《企业集群的竞争优势：资源的结构性整合》，《中国工业经济》2002 年第 7 期。

陈锋仪：《政府主导型会展模式研究》，《人文地理》2008 年第 1 期。

笪凤媛、张卫东：《交易费用的含义及测度：研究综述和展望》，《制度经济学研究》2010 年第 1 期。

戴光全：《重大事件的影响研究——以 99 昆明世界园艺博览会为例》，中山大学博士学位论文，2004。

戴光全、保继刚:《明世博会效应的定量估算:本底趋势线模型》,《地理科学》2007 年第 3 期。

戴光全、保继刚:《西方事件及事件旅游研究的概念、内容、方法与启发(上)》,《旅游学刊》2003 年第 5 期。

戴光全、保继刚:《西方事件及事件旅游研究的概念、内容、方法与启发(下)》,《旅游学刊》2003 年第 6 期。

戴光全、陈欣:《因特网视角下的中国展览业时空特征》,《地理研究》2010 年第 12 期。

戴光全、梁春鼎:《基于网络文本内容分析的重大事件意义研究——以 2011 西安世界园艺博览会为例》,《旅游学刊》2012 年第 10 期。

戴光全、梁春鼎:《基于扎根理论的节事场所依赖维度探索性研究——以 2011 西安世界园艺博览会为例》,《地理科学》2012 年第 7 期。

戴光全、谭健萍:《基于报纸媒体内容分析和信息熵的广交会综合影响力时空分布》,《地理学报》2012 年第 8 期。

戴光全、肖璐:《基于区域联系和 IPA 的节事游客地方认同空间特征——以 2011 西安世界园艺博览会为例》,《人文地理》2012 年第 4 期。

戴光全、张骁鸣:《从 TPC 谈会展产品和管理的属性》,《中国会展》2006 年第 7 期。

戴勇:《基于服务主导逻辑的 PBC 模式价值创新机理研究》,《科研管理》2014 年第 7 期。

丁鹏飞、迟考勋、孙大超:《管理创新研究中经典探索性研究方法的操作思路:案例研究与扎根理论研究》,《科技管理研究》2012 年第 17 期。

董保宝、葛宝山、王侃:《资源整合过程、动态能力与竞争优势:机理与路径》,《管理世界》2011 年第 3 期。

董保宝、李全喜：《竞争优势研究脉络梳理与整合研究框架构建——基于资源与能力视角》，《外国经济与管理》2013 年第 3 期。

范钧：《顾客参与对顾客满意和顾客公民行为的影响研究》，《商业经济与管理》2011 年第 1 期。

范文强、张书鸿：《探析空间的灵活性在展览空间中的应用》，《艺术与设计》2012 年第 7 期。

范秀成、杜建刚：《服务质量五维度对服务满意及服务忠诚的影响——基于转型期间中国服务业的一项实证研究》，《管理世界》2006 年第 6 期。

方忠权、郭思茵、王章郡：《会展企业微观集聚研究——以广州市流花地区为例》，《经济地理》2013 年第 8 期。

菲利普·科特勒、凯文·莱恩·凯勒：《营销管理》第 13 版，王永贵等译，格致出版社、上海人民出版社，2009。

冯冈平：《基于质量层级提升的广州展览管理优化研究》，《国际经贸探索》2008 年第 7 期。

高志军、刘伟、高洁：《服务主导逻辑下物流服务供应链的价值共创机理》，《中国流通经济》2014 年第 11 期。

葛宝山、董保宝：《基于动态能力中介作用的资源开发过程与新创企业绩效关系研究》，《管理学报》2009 年第 4 期。

顾国达、张正荣：《服务经济与国家竞争优势——基于波特"钻石模型"的分析》，《浙江大学学报》（人文社会科学版）2007 年第 6 期。

郭朝阳、许杭军、郭惠玲：《服务主导逻辑演进轨迹追踪与研究述评》，《外国经济与管理》2012 年第 7 期。

郭玉霞、刘世闵、王为国等：《质性研究资料分析：NVivo 8 活用宝典》，台北，高等教育文化事业有限公司，2009。

韩小芸、黎耀奇：《顾客心理授权的多层次模型分析：基于控制欲的调节作用》，《南开管理评论》2012 年第 3 期。

何建民：《奥运与旅游相互促进的功能及方式——基于常规旅游价

值链与全面营销导向的研究》,《旅游科学》2007 年第 3 期。

洪志生、霍佳震、苏强:《单次服务过程中新老顾客质量感知波动的差异分析》,《南开管理评论》2013 年第 3 期。

洪志生、苏强、霍佳震:《服务质量管理研究的回顾与现状探析》,《管理评论》2012 年第 7 期。

胡兵、傅云新、熊元斌:《旅游者参与低碳旅游意愿的驱动因素与形成机制:基于计划行为理论的解释》,《商业经济与管理》2014 年第 8 期。

胡国梁、刘超:《走向语义化的展览空间设计—— 以上海"世博"丹麦馆、中国馆为例》,《装饰》2011 年第 9 期。

胡平、杨杰:《会展业经济拉动效应的实证研究—— 以上海新国际博览中心为例》,《旅游学刊》2006 年第 11 期。

胡石清、乌家培:《外部性的本质与分类》,《当代财经》2011 年第 10 期。

胡晔、张灿辉:《场景于展览空间的意义》,《山西建筑》2011 年第 20 期。

黄盈盈、潘绥铭:《中国社会调查中的研究伦理:方法论层次的反思》,《中国社会科学》2009 年第 2 期。

贾薇:《顾客参与对顾客价值创造的影响机理研究》,哈尔滨工业大学博士学位论文,2010。

贾薇、张明立、王宝:《服务业中顾客参与对顾客价值创造影响的实证研究》,《管理评论》2011 年第 5 期。

贾旭东、谭新辉:《经典扎根理论及其精神对中国管理研究的现实价值》,《管理学报》2010 年第 5 期。

简兆权、肖霄:《网络环境下的服务创新与价值共创:携程案例研究》,《管理工程学报》2015 年第 1 期。

姜铸、李宁:《服务创新、制造业服务化对企业绩效的影响》,《科研管理》2015 年第 5 期。

蒋旭:《基于珠三角的区域会展发展研究》,武汉大学博士学位论文,2012。

解娇娇:《展览项目服务流程再造研究》,中国海洋大学硕士学位论文,2013。

金立印:《服务保证对顾客满意预期及行为倾向的影响——风险感知与价值感知的媒介效应》,《管理世界》2007 年第 8 期。

金立印:《服务供应链管理、顾客满意与企业绩效》,《中国管理科学》2006 年第 2 期。

金立印:《服务质量构成要素对顾客满意影响力差异研究——现有顾客同潜在顾客间的比较》,《商业经济与管理》2006 年第 3 期。

金相郁:《20 世纪区位理论的五个发展阶段及其评述》,《经济地理》2004 年第 3 期。

靳文敏、罗秋菊:《城市会展业资金类政策效果评估——以广州、Y 市、东莞为例》,《旅游学刊》2013 年第 8 期。

凯西·卡麦兹:《构建扎根理论:质性研究实践指南》,边国英、陈向明译,重庆大学出版社,2009。

柯江林、孙健敏、石金涛等:《企业 R & D 团队之社会资本与团队效能关系的实证研究——以知识分享与知识整合为中介变量》,《管理世界》2007 年第 3 期。

李海东、林志扬:《组织结构变革中的路径依赖与路径创造机制研究——以联想集团为例》,《管理学报》2012 年第 8 期。

李华敏、吕建中、孙灵:《会展旅游发展条件评价体系研究》,《旅游学刊》2007 年第 2 期。

李坚飞、韩庆兰:《零售企业服务质量的复杂性特征及实证研究》,《南开管理评论》2014 年第 3 期。

李雷、简兆权、张鲁艳:《服务主导逻辑产生原因、核心观点探析与未来研究展望》,《外国经济与管理》2013 年第 4 期。

李雷、赵先德、简兆权:《电子服务概念界定与特征识别——从商品主导逻辑到服务主导逻辑》,《外国经济与管理》2012 年第 4 期。

李平、曹仰锋:《案例研究方法:理论与范例——凯瑟琳·艾森哈特论文集》,北京大学出版社,2012。

李如璋、马金祥:《商业展览空间中色彩与材料倾向性研究——"品牌"展示空间的色彩、材料倾向性分析提案》,《东北农业大学学报》(社会科学版) 2011 年第 4 期。

李铁成、刘力:《区域间投入产出模型 (IRIO) 的我国会展业经济影响分析》,《旅游学刊》2014 年第 6 期。

李垣、刘益:《基于价值创造的价值网络管理 (Ⅰ):特点与形成》,《管理工程学报》2001 年第 4 期。

李智玲:《会展业的带动效应研究》,《经济管理》2011 年第 6 期。

梁圣蓉:《城市会展旅游发展的动力机制与评估——以武汉市为例》,《旅游学刊》2008 年第 10 期。

林志扬、林泉:《企业组织结构扁平化变革策略探析》,《经济管理》2008 年第 2 期。

刘大可、陈刚、王起静:《会展经济理论与实务》,首都经济贸易大学出版社,2006。

刘飞、简兆权:《网络环境下基于服务主导逻辑的服务创新:一个理论模型》,《科学学与科学技术管理》2014 年第 2 期。

刘巨钦、曹澍:《对于波特竞争理论的反思与超越》,《价值工程》2014 年第 1 期。

刘巨钦、陈应龙:《对波特竞争战略理论的理性反思及其启示》,《科研管理》2004 年第 5 期。

刘林青、雷昊、谭力文:《从商品主导逻辑到服务主导逻辑—— 以苹果公司为例》,《中国工业经济》2010 年第 9 期。

刘民坤:《会展活动的社会影响控制研究》,《广西大学学报》(哲学社会科学版) 2010 年第 5 期。

刘民坤:《会展活动对主办城市的社会影响研究》,暨南大学博士学位论文，2009。

刘民坤：《会展社会影响尺度与独立变量的相关性研究——广交会的实证研究》，《人文地理》2013 年第 2 期。

刘民坤：《会展社会影响评价尺度构建》，《旅游学刊》2010 年第 9 期。

刘秋芷：《会展标志权侵权表现与法律保护探析》，《广西民族大学学报》（哲学社会科学版）2014 年第 4 期。

刘松萍、刘勇：《广东省会展政策类型、特征及城市关联性分析》，《科技管理研究》2014 年第 13 期。

刘亭立、王诚庆：《重大节事的经济效应实证研究——以北京奥运会的市场反应为切入点》，《旅游学刊》2011 年第 5 期。

刘羽思、邹越：《城市会展建筑的展览空间结构语言创作》，《北京建筑工程学院学报》2011 年第 1 期。

刘月、罗利：《服务管理理论研究进展》，《管理评论》2004 年第 4 期。

刘作仪、杜少甫：《服务科学管理与工程：一个正在兴起的领域》，《管理学报》2008 年第 4 期。

鲁若愚、段小华、张鸿：《制造业的服务创新与差别化战略》，《四川大学学报》（哲学社会科学版）2000 年第 6 期。

吕一博、程露、苏敬勤：《"资源导向"的企业网络行为：一个社会网络视角的分析框架》，《管理学报》2013 年第 1 期。

罗伯特·K. 殷：《案例研究方法的应用》，周海涛、夏欢欢译，重庆大学出版社，2014。

罗秋菊：《参展商参展决策研究——以东莞展览会为例》，《旅游学刊》2007 年第 5 期。

罗秋菊：《东莞厚街镇会展业影响的社区感知研究》，《旅游学刊》2006 年第 3 期。

罗秋菊、保继刚：《参展商参展目的、绩效评估及其相关关系研究——以东莞展览会为例》,《旅游科学》2007 年第 5 期。

罗秋菊、陈可耀:《基于扎根理论的民营会展企业成长路径研究——以广州光亚展览公司为例》,《旅游学刊》2011 年第 7 期。

罗秋菊、陈可耀:《社区居民参与城市会展业发展的社会交换关系研究—— 以广州琶洲村村民为例》,《人文地理》2014 年第 3 期。

罗秋菊、陈可耀、黄霞:《社区居民对会展业经济影响感知研究——以广州琶洲村村民为例》,《热带地理》2012 年第 2 期。

罗秋菊、卢仕智:《案例企业对城市房地产的触媒效应研究—— 以广州国际案例企业为例》,《人文地理》2010 年第 4 期。

罗秋菊、庞嘉文、靳文敏:《基于投入产出模型的大型活动对举办地的经济影响——以广交会为例》,《地理》2011 年第 4 期。

麻亚军:《服务蓝图:国际上最新旅游服务设计方法》,《旅游科学》2001 年第 1 期。

马双、王永贵、赵宏文:《组织顾客参与的双刃剑效果及治理机制研究——基于服务主导逻辑和交易成本理论的实证分析》,《外国经济与管理》,2015 年第 7 期。

马涛:《西方经济学的范式结构及其演变》,《中国社会科学》2014 年第 10 期。

毛基业、张霞:《案例研究方法的规范性及现状评估——中国企业管理案例论坛(2007)综述》,《管理世界》2008 年第 4 期。

倪尧:《城市重大事件对土地利用的影响效应及机理研究》,浙江大学博士学位论文,2013。

彭青、张骁鸣、曾国军:《广交会与 2010 年亚运会对广州酒店空间格局的影响》,《地理科学》2009 年第 2 期。

彭新敏、吴晓波、吴东:《基于二次创新动态过程的企业网络与组织学习平衡模式演化——海天 1971~2010 年纵向案例研究》,《管理世界》2011 年第 4 期。

彭艳君:《顾客参与量表的构建和研究》,《管理评论》2010 年第

3 期。

秦颖、马超培、张丽等：《组织中的跨部门冲突理论与实证研究》，《工业技术经济》2010 年第 10 期。

饶扬德：《企业资源整合过程与能力分析》，《工业技术经济》2006 年第 9 期。

申文果、张秀娟、谢礼珊：《网络企业服务质量的测量及其影响的实证研究》，《管理科学》2007 年第 1 期。

沈学君：《西方社会科学研究中的新领域：空间政治》，《福建论坛》（人文社会科学版）2013 年第 10 期。

孙根年、马丽君：《基于本底线的 2008 年北京奥运会客流量预测》，《地理研究》2008 年第 1 期。

孙九霞、周一：《日常生活视野中的旅游社区空间再生产研究——基于列斐伏尔与德塞图的理论视角》，《地理学报》2014 年第 10 期。

陶婷芳：《会展经济：上海新一轮发展的助推器——兼析上海会展业的现状和对策》，《财经研究》2003 年第 6 期。

汪纯孝、温碧燕、姜彩芬：《服务质量、消费价值、旅客满意感与行为意向》，《南开管理评论》2001 年第 6 期。

王春雷：《国外重大活动经济影响研究》，《旅游学刊》2008 年第 4 期。

王春雷：《项目驱动型会展专业人才培养模式研究——以上海师范大学会展经济与管理专业为例》，《旅游科学》2010 年第 6 期。

王丰龙、刘云刚：《空间的生产研究综述与展望》，《人文地理》2011 年第 2 期。

王睢：《跨组织资源与企业合作：基于关系的视角》，《中国工业经济》2006 年第 4 期。

王林：《交叉与融合：博物馆展览空间功能解析》，《建筑创作》2010 年第 10 期。

王宁：《代表性还是典型性？——个案的属性与个案研究方法的逻

辑基础》,《社会学研究》2002 年第 5 期。

王宁:《个案研究的代表性问题与抽样逻辑》,《甘肃社会科学》2007 年第 5 期。

王起静:《事件经济影响研究述评——一个评估框架》,《旅游科学》2009 年第 4 期。

王起静:《展览产品定价模型及价格影响因素研究—— 基于双边市场理论视角》,《经济管理》2007 年第 16 期。

王琴:《基于价值网络重构的企业商业模式创新》,《中国工业经济》2011 年第 1 期。

王树祥、张明玉、郭琦:《价值网络演变与企业网络结构升级》,《中国工业经济》2014 年第 3 期。

王潇、杜建刚、白长虹:《从"产品主导逻辑"到"顾客参与的价值共创"—— 看西方服务范式四十年来的理论演进》,《商业经济与管理》2014 年第 11 期。

王晓文、张玉利、王菁娜:《会展经济效应的作用机制研究:一个以创业活动为传导路径的观点》,《旅游科学》2011 年第 4 期。

王新刚:《中国会展经济研究》,吉林大学博士学位论文,2004。

王迎军、王永贵:《动态环境下营造竞争优势的关键维度—— 基于资源的"战略柔性"透视（上）》,《外国经济与管理》2000 年第 7 期。

王颖:《武汉会展经济发展研究》,武汉大学博士学位论文,2011。

王永丽、邓静怡、任荣伟:《授权型领导、团队沟通对团队绩效的影响》,《管理世界》2009 年第 4 期。

王云龙:《关于会展经济空间运动形式的分析—— 以北京、上海与广州三地为例》,《人文地理》2005 年第 4 期。

王泽宇、王蕊、王国锋:《科研团队领导者的社会网络交互及其对团队绩效的影响》,《南开管理评论》2014 年第 1 期。

望海军、汪涛:《顾客参与、感知控制与顾客满意度关系研究》,《管理科学》2007 年第 3 期。

卫海英、骆紫薇：《中国的服务企业如何与顾客建立长期关系？——企业互动导向、变革型领导和员工互动响应对中国式顾客关系的双驱动模型》，《管理世界》2014 年第 1 期。

温碧燕：《服务性企业员工和顾客公平感与情感关系研究综述》，《外国经济与管理》，2006 年第 4 期。

温碧燕：《有满意的员工就会有满意的顾客吗？——员工敬业度的影响》，《旅游学刊》2011 年第 5 期。

文军、蒋逸民：《质性研究概论》，北京大学出版社，2010。

吴海平、宣国良：《价值网络的本质及其竞争优势》，《经济管理》2002 年第 24 期。

吴建华：《论会展理论教育与会展实践教育的关系》，《旅游科学》2008 年第 6 期。

吴开军：《会展业和旅游业合作动因——基于战略联盟视角的分析》，《旅游学刊》2011 年第 4 期。

吴明隆：《结构方程模型—— AMOS 的操作与应用》，重庆大学出版社，2010。

吴明隆：《结构方程模型—— AMOS 实务进阶》，重庆大学出版社，2013。

吴勇志：《企业网络理论的四大流派综述》，《技术经济与管理研究》2010 年第 2 期。

肖挺、聂群华、刘华：《制造业服务化对企业绩效的影响研究——基于我国制造企业的经验证据》，《科学学与科学技术管理》2014 年第 4 期。

谢礼珊、韩小芸、顾赟：《服务公平性、服务质量、组织形象对游客行为意向的影响——基于博物馆服务的实证研究》，《旅游学刊》2007 年第 12 期。

谢水明：《"新经济人"：科学管理的本质——"新经济"下对泰罗"经济人"假设的思考》，《科学管理研究》2002 年第 2 期。

熊伟、吴必虎：《大型展会对高星级酒店房价影响的空间分析——以第 100 届广交会为例》，《旅游学刊》2008 年第 2 期。

徐从才、丁宁：《服务业与制造业互动发展的价值链创新及其绩效——基于大型零售商纵向约束与供应链流程再造的分析》，《管理世界》2008 年第 8 期。

徐二明、徐凯：《资源互补对机会主义和战略联盟绩效的影响研究》，《管理世界》2012 年第 1 期。

徐洁、苑炳慧、胡平：《参展商对展馆服务的满意度研究—— 以上海光大案例企业为例》，《旅游科学》2008 年第 6 期。

徐金灿、马谋超、陈毅文：《服务质量的研究综述》，《心理科学进展》2002 年第 2 期。

徐侠、薛晓华：《服务蓝图技术在创新政策实施中的应用》，《科学学与科学技术管理》2012 年第 7 期。

徐瑛、杨开忠：《会展业发展中的政府职能》，《城市问题》2007 年第 1 期。

薛薇：《SPSS 统计分析方法及应用》，电子工业出版社，2007。

薛薇：《统计分析与 SPSS 的应用》，中国人民大学出版社，2001。

杨利、谢炳庚：《基于上海世博会背景下的永康市会展旅游发展思路》，《经济地理》2011 年第 8 期。

杨锐、张洁、芮明杰：《基于主体属性差异的生产性服务网络形成及双重结构》，《中国工业经济》2011 年第 3 期。

杨燕：《英美会展专业课程体系探讨及其对中国会展专业建设的启示》，《人文地理》2012 年第 5 期。

叶学锋、魏江：《关于资源类型和获取方式的探讨》，《科学学与科学技术管理》2001 年第 9 期。

易小力：《会展教育与实践的问题与对策》，《社会科学家》2010 年第 2 期。

应丽君：《模块化的会展"流程链"管理模式（OSL）》，《旅游学刊》2006 年第 10 期。

游达明、王美媛：《界面管理研究动向及未来展望》，《科技进步与对策》2014 年第 11 期。

于晶：《基于服务主导逻辑的商业企业商业模式研究》，哈尔滨商业大学硕士学位论文，2014。

苑炳慧、杨杰：《基于参展商视角的展览环境评价与优化研究——以上海光大会展中心为例》，《旅游论坛》2009 年第 1 期。

约瑟夫·熊彼特：《经济发展理论——对于利润、资本、信贷、利息和经济周期的考察（第一版）》，何畏、易家详等译，商务印书馆，1990。

曾方芳、张义、郑刚：《虚拟会展企业的组织结构及构建研究》，《科技进步与对策》2007 年第 7 期。

曾武佳：《现代会展与区域经济发展》，四川大学博士学位论文，2006。

张光磊、刘善仕、申红艳：《组织结构、知识转移渠道与研发团队创新绩效——基于高新技术企业的实证研究》，《科学学研究》2011 年第 8 期。

张竞浩：《基于适配理论的制造企业服务创新战略路径研究》，大连理工大学博士学位论文，2010。

张婧、何勇：《服务主导逻辑导向与资源互动对价值共创的影响研究》，《科研管理》2014 年第 1 期。

张俐俐、庞华：《研究型大学会展专业人才的培养模式》，《旅游科学》2008 年第 3 期。

张玲、邬永强：《广州市会展旅游产业集聚过程及形成机理研究》，《人文地理》2013 年第 2 期。

张玲、邬永强：《基于 CAS 理论的旅游产业集群动力机制研究——以广州会展旅游产业集群为例》，《经济地理》2013 年第 8 期。

张明立、唐塞丽、王伟：《服务主导逻辑下品牌关系互动对品牌忠诚的影响》，《管理学报》2014 年第 8 期。

张若勇、刘新梅、沈力等：《服务氛围与一线员工服务绩效：工作压力和组织认同的调节效应研究》，《南开管理评论》2009 年第 3 期。

张水清、李慎亭：《会展经济特性与都市功能的提升》，《地域研究与开发》2002 年第 3 期。

张涛：《会展服务满意度测评研究——以澳门国际贸易投资展览会为例》，《旅游论坛》2011 年第 1 期。

张文红、张骁、翁智明：《制造企业如何获得服务创新的知识——服务中介结构的作用》，《管理世界》2010 年第 10 期。

张文建、华建平：《商务会展服务外包：实现旅游产业发展方式的转变》，《社会科学》2008 年第 7 期。

赵宇飞：《服务接触中员工行为对顾客参与的影响研究》，吉林大学博士学位论文，2012。

郑兵、金玉芳、董大海等：《中国本土物流服务质量测评指标创建及其实证检验》，《管理评论》2007 年第 4 期。

钟振东、唐守廉、Pierre Vialle：《基于服务主导逻辑的价值共创研究》，《软科学》2014 年第 1 期。

周丹：《"资源整合"与"资源重构"两大构念比较——基于资源观视角》，《外国经济与管理》2012 年第 8 期。

周杰、何会文：《会展专业观众的服务认知结构研究——兼论参展动因对服务认知的影响》，《旅游学刊》2011 年第 10 期。

周彦、于苗：《参展商与专业观众对场馆服务质量感知的差异分析——以北京国家会议中心为例》，《生产力研究》2014 年第 12 期。

外文文献

Aal K., Pietro L. D., Bo E., et al., "Innovation in Service Ecosystems: An Empirical Study of the Integration of Values, Brands, Service Systems and Experience Rooms," *Journal of Service Management* 27 (2016).

Ahn Y. , Hyun S. S. , Kim I. , "Vivid – memory Formation Through Experiential Value in the Context of the International Industrial Exhibition," *Journal of Travel & Tourism Marketing* 33 (2016).

Ahn Y. J. , Hyun S. S. , Kim I. , "City Residents' Perception of MICE City Brand Orientation and Their Brand Citizenship Behavior: A Case Study of Busan, South Korea. " *Asia Pacific Journal of Tourism Research* 21 (2016).

Allred C. R. , Money R. B. , "The Service Hand – off: Effects of Multivendor Service Performance on Customer Satisfaction—An Experimental Study," *Journal of Services Marketing* 24 (2010).

Andersson T. D. , Lundberg E. , "Commensurability and Sustainability: Triple Impact Assessments of A Tourism Event," *Tourism Management* 37 (2013).

Barile S. , Lusch R. , Reynoso J. , et al. , " Systems, Networks, and Ecosystems in Service Research," *Journal of Service Management* 27 (2016).

Barney J. B. , "Firm Resources and Sustained Competitive Advantage," *Journal of Management* 17 (1991).

Barney J. B. , "Resource – based Theories of Competitive Advantage: A Ten Year Retrospective on the Resource – based View," *Journal of Management* 6 (2001).

Barras R. , "Towards A Theory of Innovation in Services," *Research Policy* 15 (1986).

Bilderbeek R. , Hertog P. D. , Marklund G. , et al. , "Service in Innovation: Knowledge Intensive Business Service as Co – producers of Innovation," STEP Report No. S14S (1998).

Boo S. Y. , Kim M. Y. , "The Influence of Convention Center Performance on Hotel Room Nights," *Journal of Travel Research* 49 (2010).

Borodako K. , Berbeka J. , Rudnicki M. , "External and Internal Factors Motivating Outsourcing of Business Services by Meeting – industry Companies: A Case Study in Krakow, Poland," *Journal of Convention & Event Tourism* 16 (2015).

Bracalente B. , Chirieleison C. , Cossignani M. , et al. "The Economic Effects of Cultural Events: The Pintoricchio Exhibition in Perugia," *Event Management* 15 (2011).

Brady M. K. , Cronin J. J. J. , "Some New Thoughts on Conceptualizing Perceived Service Quality: A Hierarchical Approach," *Journal of Marketing* 65 (2001).

Braun B. M. , "The Economic Contribution of Conventions: The Case of Orlando, Florida," *Journal of Travel Research* 30 (1992).

Breiter D. , Milman A. , "Attendees' Needs and Service Priorities in A Large Convention Center: Application of the Importance – performance Theory," *Tourism Management* 27 (2006).

Breiter, D. , Milman, A. , "Attendees' Need and Service Priorities in a Large Convention Center: Application of the Important – performance Theory," *Tourism Management* 27 (2006).

Brida J. G. , Meleddu M. , Tokarchuk O. , "Use Value of Cultural Events: The Case of the Christmas Markets," *Tourism Management* 59 (2017).

Bull C. , Lovell J. , "The Impact of Hosting major Sporting Events on Local Residents: An Analysis of the Views and Perceptions of Canterbury Residents in Relations to the Tour de France 2007," *Journal of Sport & Tourism* 12 (2007).

Burgan B. , Mules T. , "Economic Impact of Sporting Events," *Annals of Tourism Research* 19 (1992)

Caber M. , Güven A. , Öztürk A. , "Exploring How to Match Local Products Fair Participation Motivations of the Visitors and Businesses," *Journal of Convention & Event Tourism* 17 (2016).

Carmen J. M. , Eric L. , "Growth Strategies of Service Firms," *Strategic Management Journal* 1 (1980).

Cessac B. , Blanchard P. , Krueger T. , "Innovative Approaches to Event Management Education in Career Development: A Study of Student Experiences," *Journal of Hospitality, Leisure, Sport and Tourism Education* 7 (2008).

Chandler J. D. , Chen S. , "Practice Styles and Service Systems. " *Journal of Service Management* 27 (2016).

Chen Y. F. , Mo H. E. , "Attendees' Perspectives on the Service Quality of An Exhibition Organizer: A Case Study of A Tourism Exhibition. " *Tourism Management Perspectives* 1 (2012).

Chiou C. C. , Perng C. , Tseng T. F. , "Applying Service Science in Systematic Innovation for the Convention and Exhibition Industry: The Case Of World Expo," *International Journal of Electronic Business Management* 10 (2012).

Choe Y. , Lee S. M. , Kim D. K. , "Understanding the Exhibition Attendees' Evaluation of Their Experiences: A Comparison Between High Versus Low Mindful Visitors," *Journal of Travel & Tourism Marketing* 31 (2014).

Choi A. S. , "Implicit Prices for Longer Temporary Exhibitions in A Heritage Site and A Test of Preference Heterogeneity: A Segmentation – based Approach," *Tourism Management* 32 (2011).

Chris M. , "Rhetoric and the Foundation of the Service – dominant Logic," *Journal of Organizational Change Management* 7 (2014).

Collins A. , Jones C. , Munday M. , "Assessing the Environmental Impacts of Mega Sporting Events: Two Options?" *Tourism Management*6 (2009).

Cronin J. J. J. , Taylor S. A. , "Measuring Service Quality: A Reexamination and Extension," *Journal of Marketing* 56 (1992).

Crouch G. I. , Louviere J. J. , "The Determinants of Convention Site Se-lection: A Logistic Choice Model from Experimental Data," *Journal of Travel Research* 43 (2004).

Daniels M. J. , Norman W. C. , Henry M. S. , " Estimating Income Effect of A Sport Tourism Event," *Annals of Tourism Research* 31 (2004).

Davidson R. , " Web 2. 0 As A Marketing Tool for Conference Centres," *International Journal of Event & Festival Management* 2 (2011).

De J. A. , Ruyter K. D. , Streukens S. , et al. , "Perceived Uncertainty in Self – managed Service Teams: An Empirical Assessment," *International Journal of Service Industry Management* 12 (2001).

Demir C. , "Graphic Design for A Permanent Exhibition: Exhibition De-sign of the Museum Mimar Kemaleddin," *Procedia – social and Behavioral Sciences* 51 (2012).

Devine A. , Devine F. , "The Challenge and Opportunities for an Event Organiser During an Economic Recession," *International Journal of Event and Festival Management* 3 (2012).

Dioko L. , Whitfield J. , " Convention Attendance and Gaming Volume in South Korean casinos," *International Journal of Event & Festival Manage-ment* 6 (2015) .

Dioko L. , Whitfield J. , "Price Competitiveness and Government In-centives for Simulating the Meetings Industry: A Critical Look At he Case of Macau," *International Journal of Event and Festival Management* 6 (2015).

Dobrzykowski D. D. , Hong P. C. , Park J. S. , "Building Procurement Capability for Firm Performance: A Service – dominant Logic View," *Bench-marking: An International Journal* 9 (2012).

Edvardsson B. , Tronoll B. , "A New Conceptualization of Service Inno-vation Grounded in S – D Logic and Service Systems. " *International Journal of Quality and Service Sciences* 5（2013）.

Fitzpatrick M., Davey J., Muller L., et al., "Value – creating Assets in Tourism Management: Applying Marketing's Service – dominant Logic in the Hotel Industry," *Tourism Management* 36（2013）.

Fornell C., Larcker D. F., "Evaluating Structural Equation Models With Unobservable Variables and Measurement Error," *Journal of Marketing Research* 18（1981）.

Fourie J., Santana – Gallego M., "The Impact of Mega – sport Events on Tourist Arrivals," *Tourism Management* 32（2011）.

Frow P., Payne A., "A Stakeholder Perspective of the Value Proposition Concept," *European Journal of Marketing* 45（2011）.

Fyrberg A., Jüriado R., "What About Interaction?" *Journal of Service Management* 20（2009）.

George W. R., "Internal Marketing and Organizational Behavior: A Partnership in Developing Customer – conscious Employees at Every Level," Journal of Business Research 20（1990）.

Getz D., *Event Studies: Theory, Research and Policy for Planned Events* （Amsterdam: Butterworth Heinemann, 2007）.

Getz D., Page S. J., "Progress and Prospects for Event Tourism Research," *Tourism Management* 52（2016）.

Go F. M., Zhang W., "Applying Importance – performance Analysis to Beijing as an International Meeting Destination," *Journal of Travel Research* 35（1997）.

Grado S. C., Strauss C. H., Lord B. E., "Economic Impacts of Conferences and Conventions," *Journal of Convention & Exhibition Management* 1（1998）.

Greenwood R., Miller D., "Tackling Design Anew: Getting Back to the Heart of Organizational Theory," *Academy of Management Perspectives* 24

(2010).

Grönroos C. , Gummerus J. , "The Service Revolution and Its Marketing Implications: Service Logic VS Service – dominant Logic," *Managing Service Quality* 24 (2014).

Grönroos C. , Voima P. , "Critical Service Logic: Making Sense of Value Creation and Co – creation Christian," *Journal of the Academy of Marketing Science* 41 (2013).

Grönroos C. , " From Scientific Management to Service Management: A Management Perspective for the Age of Service Competition," *International Journal of Service Industry Management* 5 (1994).

Grönroos C. , "A Service Quality Model and Its Marketing Implications," *European Journal of Marketing* 18 (1984).

Grönroos C. , "A Service – oriented Approach to Marketing of Services," *European Journal of Marketing* 12 (1978).

Grönroos C. , " Scandinavian Management and the Nordic School of Services – contributions to Service Management and Quality," *International Journal of Service Industry Management* 2 (1991).

Grönroos C. , "Service Logic Revisited: Who Creates Value? and Who Co – creates?" *European Business Review* 20 (2008).

Grönroos C. , "Service Management: A management Focus for Service Competition," *International Journal of Service Industry Management* 1 (1990).

Gummesson E. , "Marketing – orientation Revisited: The Crucial Role of the Part – time Marketer," *European Journal of Marketing* 25 (1991).

Hallmann K. , Breuer C. , " Image Fit Between Sport Events and Their Hosting Destinations from an Active Sport Tourist Perspective and Its Impact on Future Behavior," *Journal of Sport & Tourism* 15 (2010).

Heinonen K. , Strandvik T. , Mickelsson K. J. , et al. , "A Customer –

dominant Logic of Service," *Journal of Service Management* 21 (2010).

Heinonen K. , Strandvik T. , Voima P. , "Customer Dominant Value Formation in Service," *European Business Review* 25 (2013).

Heinonen K. , Strandvik T. , "Customer – dominant Logic: Foundations and Implications," *Journal of Services Marketing* 29 (2015).

Hodur N. M. , Leistritz F. L. , "Estimating the Economic Impact of Event Tourism," *Journal of Convention & Event Tourism* 8 (2006).

Holmlund M. , Strandvik T. , Lähteenmäki I. , "Digitalization Challenging Institutional Logics: Top Executive Sensemaking of Service Business Change," *Journal of Service Theory and Practice* 27 (2017).

Hsieh Y. H. , Yuan S. T. , "An Application of Technology – based Design for Exhibition Services," *International Journal of Quality and Service Sciences* 8 (2016).

Huang H. C. , "How Does Meetings, Incentives, Conventions, and Exhibitions Industry Attract Exhibitors?" *Asia Pacific Journal of Tourism Research* 21 (2016).

Huang L. , Knight A. P. , "Resources and Relationships in Entrepreneurship: An Exchange Theory of the Development and Effects of the Entrepreneur – investor Relationship," *Academy of Management Review* 42 (2017).

Hume D. L. , "Wunderkammer 02: An Exhibition of Art, Craft and Souvenirs from World Heritage Sites in Tasmania and Far North Queensland." *Current Issues in Tourism* 7 (2004).

Huq Z. , "Managing Change: A Barrier to TQM Implementation in Service Industries," *Managing Service Quality: An International Journal* 15 (2005).

Jin X. , Weber K. , Bauer T. , "Relationship Quality Between Exhibitors and Organizers: A Perspective From Mainland China's Exhibition Industry," *International Journal of Hospitality Management* 31 (2012).

Jin X. , Weber K. , "Developing and Testing A Model of Exhibition Brand Preference: The Exhibitors' Perspective," *Tourism Management* 38 (2013).

Jin X. , Weber K. , Bauer T. , "Dimensions and Perceptional Differences of Exhibition Destination Attractiveness: The Case of China," *Journal of Hospitality & Tourism Research* 37 (2013).

Jin, X. , Weber K. , Bauer T. , "Impact of Clusters on Exhibition Destination Attractiveness: Evidence from Mainland China," *Tourism Management* 33 (2012).

Jin, X. , Weber K. , Bauer T. , "The State of the Exhibition Industry in China," *Journal of Convention & Event Tourism* 11 (2010).

Jung M. , "Determinants of Exhibition Service Quality As Perceived by Attendees," *Journal of Convention & Event Tourism* 7 (2005).

Kasouf C. J. , Darroch J. , Hultman C. M. , et al. , "Service Dominant Logic: Implications at the Marketing/Entrepreneurship Interface," *Journal of Research in Marketing and Entrepreneurship* 10 (2009).

Kim S. , Jun J. , "The Impact of Event Advertising on Attitudes and Visit Intentions," *Journal of Hospitality and Tourism Management* 29 (2016).

Kim S. S. , Chon, K. , "An Economic Impact Analysis of the Korean Exhibition Industry," *International Journal of Tourism Research* 11 (2009).

Kim S. S. , Sun H. L. , Ap J. , "Is There Competition in the Exhibition Market in Asia? Analysis of the Positioning of Major Asian Exhibition Host Cities," *Asia Pacific Journal of Tourism Research* 13 (2008).

Kim W. , Jun H. M. , Walker M. , et al. "Evaluating the Perceived Social Impacts of Hosting Iarge – scale Sport Tourism Events: Scale Development and Validation," *Tourism Management* 48 (2015).

Kistruck G. M. , Jr R. B. L. , Smith B. R. , et al. , "Cooperation VS. Competition: Alternative Goal Structures for Motivating Groups in A Resource Scarce Environment," *Academy of Management Journal* 59 (2015).

Kowalkowski C. , "Dynamics of Value Propositions: Insights from Service – dominant Logic," *European Journal of Marketing* 45 (2011).

Kozak, N. , "The Expectations of Exhibitors in Tourism, Hospitality, and the Travel Industry: A Case Study on East Mediterranean Tourism and Travel Exhibition," *Journal of Convention & Event tourism* 7 (2005).

Kyongmo L. , Lee M. J. , Heejung K. , "A Comparison of Student and Industry Perceptions of the Event Management Curriculum in Korea," *Journal of Hospitality, Leisure, Sport and Tourism Education* 8 (2009).

Lai I. K. W. , "The Cross – impact of Network Externalities on Relationship Quality in Exhibition Sector," *International Journal of Hospitality Management* 48 (2015).

Larry Y. , Wang C. L. , Seo J. , " Mega Event and Destination Brand: 2010 Shanghai Expo," *International Journal of Event and Festival Management* 3 (2012).

Lee C. K. , Lee M , Yoon S. H. , "Estimating the Economic Impact of Convention and Exhibition Businesses, Using A Regional Input – output Model: A Case Study of the Daejeon Convention Center in South Korea," *Asia Pacific Journal of Tourism Research* 18 (2013).

Lee C. K. , Taylor T. , "Critical Reflections on the Economic Impact Assessment of A Mega – event: The Case of 2002 FIFA World Cup," *Tourism Management* 26 (2005).

Lee M. J. , Lee K. M. , "Convention and Exhibition Center Development in Korea," *Journal of Convention & Event Tourism* 8 (2007).

Lee M. J. , Kim S. S. , Lo A. , "Perceptions of Hospitality and Tourism Students Towards Study Motivations and Preferences: A Study of Hong Kong

Students," *Journal of Hospitality Leisure Sport & Tourism* 7 (2008).

Lee S. H., Fenich G. G., "Perceived Fairness of Room Blocks in the Meetings, Incentives, Convention, and Exhibition Industry," *Journal of Convention & Event Tourism* 17 (2016).

Li C., Wu B. H., Morrison A. M., et al., "The Spatial Distribution and Clustering of Convention Facilities in Beijing, China," *Asia Pacific Journal of Tourism Research* 19 (2014).

Li S. N., Song H. Y., "Economic Impacts of VISA Restriction on Tourism: A Case of Two Events in China," *Annals of Tourism Research* 43 (2013).

Lin C. T., Lin C. W., "Exhibitor Perspectives of Exhibition Service Quality," *Journal of Convention & Event Tourism* 14 (2013).

Lin H. T., Lawrence W. L., "A new Interactive Guiding System With Social Networking Services At Exhibitions," *The Electronic Library* 32 (2014).

Lin H. T., Lawrence W. L., "An Exhibition Guiding System With Enhanced Interactive Functions," *The Electronic Library* 30 (2012).

Lin Y., Pekkarinen S., Ma S., "Service – dominant Logic for Managing the Logistics Manufacturing Interface," *The International Journal of Logistics Management* 26 (2015).

Locke M., "A Framework for Conducting A Situational Analysis of the Meetings, Incentives, Conventions, and Exhibitions Sector," *Journal of Convention & Event Tourism* 11 (2010).

Love A. R., *Inclusive Curatorial Practices: Facilitation Team Exhibition Planning in the Art Museum Using Evaluation Inquiry for Learning in Organizations* (Tallahassee: Florida State University, 2013).

Lucia M. D., "Economic Performance Measurement Systems for Event Planning and Investment Decision Making," *Tourism Management* 34

(2013).

Luliĉ D. , "Managing and Developing Communities, Estivals, and E-vents," *Annals of Tourism Research* 61 (2016).

Lynn S. G. , "Breaking Free from Product Marketing," *Journal of Marketing* 41 (1977).

Löbler H. , "Service – dominant Networks," *Journal of Service Management* 24 (2013).

Mariani M. M. , Giorgio L. , "The 'Pink Night' Festival Revisited: Meta – events and the Role of Destination Partnerships in Staging Event Tourism," *Annals of Tourism Research* 62 (2017).

Mastrogiacomo L. , Barravecchia F. , Franceschini F. , "Service Recycling and Ecosystems: An Intriguing Similarity," *International Journal of Quality and Service Sciences* 8 (2016).

McCabe V. S. , "Developing and Sustaining A Quality Workforce: Lessons from the Convention and Exhibition Industry," *Journal of Convention & Event Tourism* 13 (2012).

McCabe V. S. , "Strategies for Career Planning and Development in the Convention and Exhibition Industry in Australia," *International Journal of Hospitality Management* 27 (2008).

McCartney, G. , "The CAT (Casino Tourism) and the MICE (Meetings, Incentives, Conventions, Exhibitions): Key Development Considerations for the Convention and Exhibition Industry in Macao," *Journal of Convention & Event Tourism* 9 (2008).

Mickelsson K. J. , "Customer Activity in Service," *Journal of Service Management* 24 (2013).

Mills B. M. , Rosentraub M. S. , "Hosting Mega – events: A Guide to the Evaluation of Development Effects in Integrated Metropolitan Regions," *Tourism Management* 34 (2013).

Milton S. K. , Johnson L. W. , "Service Blueprinting and BPMN: A Comparison," *Managing Service Quality: An International Journal* 22 (2012).

Minkiewicz J. , Bridson K. , Evans J. , " Co – production of Service Experiences: Insights from the Cultural Sector," *Journal of Services Marketing* 30 (2016).

Moon H. S. , Kim J. K. , Ryu Y. U. , "A Sequence – based Filtering Method for Exhibition Booth Visit Recommendations," *International Journal of Information Management* 33 (2013).

Olorunniwo F. , Hsu M. K. , "A Typology Analysis of Service Quality, Customer Satisfaction and Behavioral Intentions in Mass Services," *Managing Service Quality: An International Journal* 16 (2006).

O' Brien D. , " Event Business Leveraging the Sydney 2000 Olympic Games," *Annals of Tourism Research* 33 (2006).

O'Shaughnessy J. , O'Shaughnessy N. , "The Service – Dominant Perspective: A Backward Step?" *European Journal of Marketing* 43 (2009).

Parasuraman A. , Zeithaml V. A. , Berry L. L. , "A Conceptual Model of Service Quality and Its Implications for Future Research," *Journal of Marketing* 49 (1985).

Parasuraman A. , Zeithaml V. A. , Berry L. L. , "Reassessment of Expectations as A Comparison Standard in Measuring Service Quality: Implications for Future Research," *Journal of Marketing* 58 (1994).

Parasuraman A. , Zeithaml V. A. , Berry L. L. , "SERVQUAL: A Multiple – item Scale for Measuring Customer Perceptions of Service Quality," *Journal of Retailing* 64 (1988).

Parris D. L. , Bouchet A. , Peachey J. W. , et al. , " Change is Hard: Overcoming Barriers to Service Innovation," *Journal of Services Marketing* 30 (2016).

Patterson P. , "Retrospective: Tracking the Impact of Communications Effectiveness on Client Satisfaction, Trust and Loyalty in Professional Services," *Journal of Services Marketing* 30 (2016).

Pheng L. S. , "Managing total Service Quality: A Systemic View," *Managing Service Quality: An International Journal* 8 (1998).

Pizam A. , "Evaluating the Effectiveness of Travel Trade Shows and Other Tourism Sales – promotion Techniques," *Journal of Travel Research* 29 (1990)

Purvis M. K. , Purvis M. A. , "Institutional Expertise in the Service – dominant Logic: Knowing How and Knowing What," *Journal of Marketing Management* 28 (2012).

Qiu S. Z. , Li M. M. , So S. I. , et al. , "Competitiveness of Macau in Developing the Exhibition Sector: Can Gaming Industry Contribute?" *Journal of China Tourism Research* 11 (2015).

Ramchandani G. M. , Coleman R. J. , "Testing the Accuracy of Event Economic Impact Forecasts," *International Journal of Event and Festival Management* 3 (2012).

Randall W. S. , Nowicki D. R. , Deshpande G. , et al. , "Converting Knowledge into Value," *International Journal of Physical Distribution & Logistics Management* 44 (2014).

Randall W. S. , Wittmann C. M. , Nowicki D. R. , et al. , "Service – dominant Logic and Supply Chain Management: Are We There Yet?" *International Journal of Physical Distribution & Logistics Management* 44 (2014).

Regan W. J. , "He Service Revolution," *Journal of Marketing* 27 (1963).

Rittichainuwat B. , Mair J. , "Visitor Attendance Motivations at Consumer Travel Exhibitions," *Tourism Management* 33 (2012).

Roberson Q. M. , Williamson I. O. , "Justice in Self – management Teams: The Role of Social Networks in the Emergence of Procedural Justice

Climates," *Academy of Management Journal* 55 (2012).

Rohloff I. K. , *Museum Gallery Layouts and Their Interactions With Exhibition Narratives and Space Use Patterns: An Investigation of the YCBA, the MOMA and the HMA Galleries* (Ichigan: The University of Michigan, 2009).

Sakun B. I. , "Managing Self – service Technology Service Quality to Enhance E – satisfaction," *International Journal of Quality and Service Sciences* 7 (2015).

Sarmento M. , Farhangmehr M. , Simões C. , "Participating in Business-to-business Trade Fairs: Does the Buying Function Matter?" *Journal of Convention & Event Tourism* 16 (2015).

Schneuwly P. , Widmer M. , "Layout Modeling and Construction Procedure for the Arrangement of Exhibition Spaces in a Fair," *International Transactions in Operational Research* 10 (2003).

Schulenkorf N. , "An ex Ante Framework for the Strategic Study of Social Utility of Sport Events," *Tourism & Hospitality Research* 9 (2009).

Serrell B. , "Paying Attention: The Duration and Allocation of Visitors' Time in Museum Exhibitions," *The Museum Journal* 40 (1997).

Sharma P. , Kong T. T. C. , Kingshott R. P. J. , "Internal Service Quality as A Driver of Employee Satisfaction, Commitment and Performance: Exploring the Focal Role of Employee Well – being," *Journal of Service Management* 27 (2016).

Siu N. Y. M. , Wan P. Y. K. , Dong P. , "The Impact of the Servicescape on the Desire to Stay in Convention and Exhibition Centers: The Case of Macao," *International Journal of Hospitality Management* 31 (2012).

Smith L. , Maull R. , Ng I. C. L. , "Servitization and Operations Management: A Service Dominant – logic Approach," *International Journal of Operations & Production Management* 34 (2014).

Smith T. M. , Hama K. , Smith P. , "The Effect of Successful Trade

Show Attendance on Future Show Interest: Exploring Japanese Attendee Perspectives of Domestic and Offshore International Events," *Journal of Business & Industrial Marketing* 18 (2003).

Sundbo J. , Gallouj F. , "Innovation as A Loosely Coupled System in Services," *International Journal of Services Technology and Management* 1 (2000).

Tanner J. F. J. , Chonko L. B. , Ponzurick T. V. , "A Learning Model of Trade Show Attendance," *Journal of Convention & Exhibition Management* 3 (2001).

Teece D. J. , Pisano G. , Shuen A. , "Dynamic Capabilities and Strategic Management," *Strategic Management Journal* 18 (1997) .

Todd L. , Leask A. , Ensor J. "Understanding Primary Stakeholders' Multiple Roles in Hallmark Event Tourism Management," *Tourism Management* 59 (2017) .

Vandermerwe S. , Rada J. , "Servitization of Business: Adding Value by Adding Services," *European Management Journal* 6 (1988).

Vargo S. L. , Lusch R. F. , "Evolving to A New Dominant Logic for Marketing," *Journal of Marketing* 68 (2004).

Vargo S. L. , Lusch R. F. , "Service Dominant Logic: Continuing the Evolution," *Journal of the Academy of Marketing Service* 36 (2008).

Vargo S. L. , Maglio P. P. , Akaka M. A. , "On Value and Value Co-creation: A Service Systems and Service Logic Perspective," *European Management Journal* 26 (2008).

Vargo S. L. , "Toward A Transcending Conceptualization of Relationship: A Service-dominant Logic Perspective," *Journal of Business & Industrial Marketing* 24 (2009).

Vence X, Trigo A. , "Diversity of Innovation Patterns in Services," *The Service Industries Journal* 29 (2009).

Walker M. , Kaplanidou K. , Gibson H. , Thapa B. , et al. , " 'Win in Africa, With Africa': Social Responsibility, Event Image, and Destination Benefits. The Case of the 2010 FIFA World Cup in South Africa," *Tourism Management* 34 (2013).

Wang Y. , Moyle B. , Whitford M. , et al. , "Customer Relationship Management in the Exhibition Industry in China: An Exploration into the Critical Success Factors and Inhibitors," *Journal of China Tourism Research* 10 (2014).

Wang Y. S. , "The Impact of Crisis Events and Macroeconomic Activity on Taiwan's International Inbound Tourism Demand," *Tourism Management* 30 (2009).

Weber K. , Ladkin A. , " Career Identity and Its Relation to Career Anchors and Career Satisfaction: The Case of Convention and Exhibition Industry Professionals in Asia," *Asia Pacific Journal of Tourism Research* 16 (2011).

Weber K. , Ladkin A. , "The Convention Industry in Australia and the United Kingdom: Key Issues and Competitive Forces," *Journal of Travel Research* 42 (2003).

Weigelt C. , Shittu E. , "Competition, Regulatory Policy, and Firms' Resource Investments: The Case of Renewable Energy Technologies," *Academy of Management Journal* 59 (2015).

Whitfielda J. , Webberb D. J. , "Which Exhibition Attributes Create Repeat Visitation?" *International Journal of Hospitality Management* 30 (2011).

Witteloostuijn A. V. , Boone C. , "A Resource - based Theory of Marketing Structure and Organization Form," *Academy of Management Review* 31 (2006).

Wu M. , *Planning and Designing Social Spaces Within Trade Shows and Exhibitions* (Manitoba: University of Manitoba, 2004).

Wu X. , Wang C. L. , "Research on Designing the Official Websites of Trade Shows Based on User Experience," *Journal of Convention & Event Tourism* 17 (2016).

Yolal M. , Gursoy D. , Uysal M. , et al. , "Impacts of Festivals and Events on Residents' Well – being," *Annals of Tourism Research* 61 (2016).

Yürük P. , Akyol A. , Şimşek G. G. , "Analyzing the Effects of Social Impacts of Events on Satisfaction and Loyalty," *Tourism Management* 60 (2017).

Zhang Jie, "Assessing the Economic Importance of Meetings Activities in Denmark," *Scandinavian Journal of Hospitality and Tourism* 14 (2014).

Zhang J. X. , Luo Q. J. , " Empirical Validation and Applicability of the BG/NBD Model in the Exhibition Industry: Example of Clock and Watch Exhibitors at the Canton Fair," *Journal of China Tourism Research* 9 (2013).

Zhu F. X. , Wymer W. J. , Chen I. , "IT – based Services and Service Quality in Consumer Banking," *International Journal of Service Industry Management* 13 (2002).

Ziakas V. , Costa C. , " 'Between Theatre and Sport' in A Rural Event: Evolving Unity and Community Development from the Inside – out," *Journal of Sport & Tourism* 15 (2010).

Åkesson M. , Skålén P. , "Towards a Service – dominant Professional Identity," *Journal of Service Management* 22 (2011).

后 记

我在华南理工大学获得了管理学博士学位，本书在我的博士论文基础上修改而成，在书稿即将付印之际，首先要感谢我的博士生导师戴光全教授，他多次提出详细的修改意见。与导师的第一次接触是发邮件询问报考事宜，当时导师快速回了邮件，并针对个人的情况给出了一些建议，从回复的内容中，感觉出导师学术严谨，为人公正、无私。

本书在资料收集过程中得到了案例企业公司领导、部门负责人、同事，以及第三方调研企业工作人员的帮助与支持。在收集国内外相关文献及书籍修改过程中得到了好友唐岳华博士（美国佛罗里达大学助理教授）、梁增贤副教授（中山大学）、胡兵博士（湖南师范大学）、刘卫梅（厦门大学博士研究生）的帮助，在此表示感谢。

在求学期间得到了多位老师的指导与帮助，包括江金波教授（华南理工大学）、魏卫教授（华南理工大学）、傅云新教授（本人硕士研究生导师，暨南大学）、曾国军教授（中山大学）、肖星教授（广州大学）、王华教授（暨南大学）、文吉教授（暨南大学）、郭淳凡副教授（暨南大学）、杨洪教授（湖南科技大学）、娄丽芝教授（湘南学院）和黄静波教授（湘南学院）的帮助，在此对各位老师由衷地表示感谢。在攻读博士学位期间，曾参加过不同类型的会议，受到多位老师的点拨，包括保继刚教授（中山大学）、朱竑教授（华南师范大学）、罗秋菊教授（中山大学）和孙九霞教授（中山大学）等；在此一一表示感谢。

　　最后要感谢我的家人，他们在我漫长的求学生涯中给了我莫大的支持。我的爱人张红女士始终是我背后坚强的后盾，在攻读博士学位期间，她一边工作，一边照顾小孩，为家庭付出了很多。

王晓敏

2018 年春

图书在版编目（CIP）数据

展览服务资源分类、整合及质量评价：基于服务主导逻辑 / 王晓敏著. -- 北京：社会科学文献出版社，2018.8

ISBN 978 - 7 - 5201 - 2916 - 9

Ⅰ.①展… Ⅱ.①王… Ⅲ.①展览会 - 管理 Ⅳ.①G245

中国版本图书馆 CIP 数据核字（2018）第 125975 号

展览服务资源分类、整合及质量评价

—— 基于服务主导逻辑

著　　者／王晓敏

出 版 人／谢寿光
项目统筹／任文武
责任编辑／高　启　高振华

出　　版／社会科学文献出版社·区域发展出版中心（010）59367143
　　　　　地址：北京市北三环中路甲 29 号院华龙大厦　邮编：100029
　　　　　网址：www. ssap. com. cn
发　　行／市场营销中心（010）59367081　59367018
印　　装／三河市龙林印务有限公司

规　　格／开　本：787mm × 1092mm　1/16
　　　　　印　张：15　字　数：213 千字
版　　次／2018 年 8 月第 1 版　2018 年 8 月第 1 次印刷
书　　号／ISBN 978 - 7 - 5201 - 2916 - 9
定　　价／68.00 元

本书如有印装质量问题，请与读者服务中心（010 - 59367028）联系